Alexandre Sattler

Himba girl. On the border between Namibia and Angola

Folke Tegetthoff

Der Augenblick der Kinder

Geschichten über 25 Kinder
aus 20 Ländern

Für Theodor, Finn, Oscar und Cleo

Inhalt

Die Geschichte der Geschichten

Als ich meine LIEBESMÄRCHEN schrieb, war ich – natürlich – verliebt (bin ich übrigens immer noch, auch nach 42 Jahren Ehe …).
Für die KRÄUTERMÄRCHEN war die Motivation der Kräutergarten der Nonnen des von uns gerade gekauften ehemaligen Klosters. Die REISEMÄRCHEN entstanden nach meiner Welttournee und das FABELLAND DES EISES nach meinem (geistigen) Ausflug ins Franz-Josef-Land. Genauso war es auch mit DER AUGENBLICK DER KINDER. 2021 ergab es sich, dass ich „zufällig" mehrere (großartige) Fotoausstellungen besuchte. „Zufällig" waren es solche, die allesamt Momentaufnahmen präsentierten, die das Leben der jeweiligen Menschen in all ihrer Wahrheit und Wirklichkeit zeigten. Bereits bei meinem ersten Besuch tauchte ich, wie immer, wenn sich eine neue Idee meiner bemächtigt, spontan und Hals über Kopf und mit Haut und Haaren in eine andere, mir noch fremde Welt ein. Wie sah die Welt aus, so fragte ich mich, die sich links und rechts dieser festgehaltenen Augenblicke gerade abgespielt haben muss? Was war geschehen, als der Fotograf seine Kamera längst weggepackt und sich auf die Suche nach dem nächsten Motiv gemacht hatte? Denn, so dachte ich mir und versank immer mehr in diese faszinierenden Gedanken, das Motiv, also die Menschen, waren ja real, lebten, aßen und tranken. Sangen und lachten. Redeten und schwiegen – sie alle hatten eine GESCHICHTE! Diesen Geschichten wollte ich nachspüren, sie entdecken und mit meinen Worten materialisieren.

Kurze Zeit danach begann ich, inspiriert von den gesehenen Fotos, Geschichten über Kinder und Jugendliche aus der ganzen Welt zu schreiben. Und dann machte ich mich auf die Suche! Nach außergewöhnlichen Fotos von Kindern – es war wie die berühmte Stecknadel im Heuhaufen, die es zu finden galt.

Wochenlang durchsuchte ich jeden Tag und stundenlang das Internet, sah viele tausende Bilder, lernte dabei die unglaublichsten Fotografen aus aller Welt kennen, bis ich am Ziel angelangt war: In meinem Arbeitszimmer in Piran hatten sich 25 Kinder und Jugendliche aus 20 Ländern versammelt! Ich sah in ihre Augen und sie erzählten mir von ihrem Glück und Leid, von ihren Hoffnungen und Ängsten, von ihren Sehnsüchten und Enttäuschungen. Ich musste ihnen nur zuhören, um in eine andere Dimension eintauchen zu können. Jene, die außerhalb des von der Kamera festgehaltenen Augenblickes lag. Und sich mir damit eine fantastische, eine großartige, eine unglaubliche Welt auftat: Mithilfe der Fantasie würde ich diesen Kindern eine Geschichte und damit Achtung und Respekt schenken können.

P.S.: Zwei der Geschichten, „Die Präsidentin" und „Tensin", basieren auf wahren Begebenheiten: Die Ärztin in der „Präsidentin" ist unsere Tochter Sophie und ihr – wahrhaftiges – Erlebnis während ihrer Arbeit in Malawi. Und „Tensin" beschreibt den Weg unseres indischen (tibetanischen) Sohnes Kunchok (nur, dass er nicht Arzt, sondern Master of Computer Science wurde und heute in New Delhi lebt).

Bevor Sie, liebe Leserinnen und Leser, mithilfe IHRER Fantasie „meine" Kinder nun zum Leben erwecken, möchte ich mich noch bedanken: bei Christian Jungwirth und Birgit Enge, die hauptverantwortlich dafür waren, dass ich dieses faszinierende Genre „Fotografie" als Inspirationsquelle entdeckte. Bei meinen 17 Fotografenfreunden, für all das so unkomplizierte miteinander Umgehen und ihr Entgegenkommen bei der Zurverfügungstellung ihrer großartigen Werke. Und natürlich und wie immer: bei unseren vier einzigartigen Kindern, die uns und der Welt neue großartige Kinder schenken (denen dieses Buch auch gewidmet ist) …

Augenblicke

Unser Leben besteht aus einer Ansammlung von Augenblicken – Momentaufnahmen, die uns im Fluss des Alltags anders, besonders und außergewöhnlich erscheinen, sodass wir kurz innehalten, sie wahrzunehmen und – wenn das Glück es gut mit uns meint – sie zu genießen.

Selten ist uns bewusst, welche Bedeutung „Augenblicke" für unser Schicksal besitzen: Liebe, der Beruf, den wir ergreifen, Schicksalsschläge, getroffene Entscheidungen – sie alle basieren in den meisten Fällen auf einer, durch Rationales nicht erklärbaren, intensivierten Wahrnehmung. Der oft erst im Rückblick als „DER alles entscheidende Augenblick" verstanden wird und deshalb auch wenig Beachtung findet. Eine gesteigerte (und trainierbare!) Wahrnehmungsfähigkeit führt automatisch zu einer gesteigerten Aufmerksamkeit im Erkennen von Augenblicken. Denn ein jeder stellt eine Bereicherung unseres dahinströmenden Alltags dar, werden wir von ihnen, den Augenblicken, an die Großartigkeit der Schöpfung erinnert, Erinnerungen, die ganz wesentlich zu unserem Glücksempfinden beitragen.

Ein Foto ist ein festgehaltener Augenblick, der dessen übliche Flüchtigkeit aufhebt und ihn für alle Zeiten festmacht. Der Augenblick wird dadurch zu einer ganz eigenständigen Erzählung, immer wieder aufrufbar, nachvollziehbar – ganz anders als seine Rolle im realen Leben: seine Einmaligkeit. Seine Originalität. Seine Unwiederbringlichkeit. Denn das exakt gleiche Motiv, nur drei Sekunden später abgelichtet, zeigt etwas anderes: eine andere Mimik, eine andere Bewegung, ein anderes Licht. Das Foto, das wir betrachten, ist folglich nichts anderes als ein Puzzlestein eines ganzen Lebens. Nicht nur dann, wenn es Menschen zeigt: Dies gilt auch für eine Küstenlinie, die sich in Jahrtausenden verändert, einen Baum, der sich den Jahreszeiten zu beugen hat, und eine Skyline, die architektonischen Strömungen unterworfen ist.

Jedes Foto dieses Buches ist ein Puzzlestein im Leben realer Menschen. Die Geschichte, zu der mich das Foto inspirierte, ist ein weiteres Steinchen. Natürlich, eines das bis auf die bereits erwähnten zwei Geschichten frei erfunden ist. Und dennoch, obwohl es nicht der Wirklichkeit des jeweiligen Kindes entsprungen ist, ist es von nun an Teil der Lebensgeschichte dieses Kindes. Nämlich dann, wenn ich mich aufmachen würde, alle 25 aufzuspüren, um ihnen „ihre" Geschichte zu schenken. Sie würden staunen, lachen, vielleicht würden sie auch weinen. Vielleicht würden sie mich fassungslos ansehen, wie ich es geschafft hätte, etwas so Reales von ihnen zu erzählen, ohne sie gekannt zu haben. Vielleicht würden sie mich verklagen, weil sie nichts mit der Geschichte zu tun haben wollen, die ich ihnen „angedichtet" habe.

Auf jeden Fall ist es ein faszinierender Gedanke, dass ich, in einem kleinen slowenischen Küstenstädtchen sitzend, in das Leben von Kindern in Kuba und Südafrika, in Myanmar und Indien eingreifen konnte. Mithilfe der großartigsten Kraft, die wir Menschen besitzen: unserer Fantasie!

Tuul & Bruno Morandi
Monks at Pindaya monastery. Myanmar

Der Hund

Myanmar

Die Geburt des neunten Kindes der Bauersfamilie verlief dramatisch. Der Schamane und die Dorfälteste rieten dem verzweifelten Vater, den Jungen sterben zu lassen, um die Mutter zu retten – was solle er ohne sie tun, wie die Familie ohne die Frau überleben?

In dem Augenblick, als der Vater gerade daran war, die Empfehlung der Dorfältesten umzusetzen und seinen Sohn, den ersten, den so herbeigesehnten nach acht Mädchen, seinem Schicksal und somit dem sicheren Tod zu überlassen, erschien ein Hund in der Tür und sprach: „Ich bin ein früh gestorbener, wiedergeborener Mönch des Klosters Mahagandhayon. Weil ihr rechtschaffene Leute seid, weil ihr euer weniges Essen stets auch mit anderen, auch mit mir teilt, will ich euch anbieten, euren Sohn aufzuziehen und für ihn zu sorgen."

Alle Anwesenden verbeugten sich tief und ehrfürchtig vor dem Hund, der Vater wickelte das reglose Kind in ein Tuch und legte es vor das Tier. Der Hund packte das Bündel und trug es vorsichtig davon.

Er trug es viele Kilometer zu einer Höhle in der Nähe des Flusses Irrawaddy, wo das Kind durch die Hingabe, die Pflege und Fürsorge des Hundes zu einem starken Jungen heranwuchs.

Halten wir kurz inne an dieser Stelle der Geschichte. Atmen wir sie ein und erfreuen uns an ihr. Suchen wir nicht nach einer Erklärung für das scheinbar Unmögliche und das Irrationale, das ihren Worten innewohnt. Lassen wir unseren Geist ruhen, anstatt ihn unverzüglich auf die Jagd nach wissenschaftlichen Erkenntnissen zu schicken. Denn, so wie man auch nicht nach der Wahrhaftigkeit von Märchen fragt, sondern sich an ihnen labt wie ein Dürstender in der Wüste des realen Alltags, so lässt man das Wunder einfach geschehen. Von Anbeginn an standen uns Wunder als ein wesentlicher Teil unseres Lebens zur Seite – eine für unsere Sinne unsichtbare Tür in der Mauer des Festgeschriebenen, durch die der Mensch jedoch zu schreiten imstande ist. Wenn wir den Mut besitzen, unserer Sensibilität und Intuition zu vertrauen. Wenn wir die Fähigkeit besitzen, die anderen Dimensionen unseres Denkens und Fühlens zuzulassen und nichts als „unverrückbar" anzusehen. Denn nur so werden neue Erkenntnisse in der Wissenschaft, in der Philosophie und in eines jeden Alltags geboren. Das Wunder zeigt stets neue Wege auf, wo noch keine vorhanden sind, und macht sie dadurch erst „begehbar". Das Wunder ist auf das Engste verbunden mit unserer Fantasie, denn sie, die Fantasie, ist es, die uns die Bilder, die Überzeugung dazu liefert, was alles möglich sein kann – wenn man nur daran glaubt. „Wer nicht an Wunder glaubt, ist kein Realist", sagte einer der bedeutendsten Wissenschaftler der Menschheitsgeschichte, Nils Bohr.

Lassen wir also, ohne nach realen Erklärungen zu suchen, den Jungen leben. Mit dem Hund, in der Höhle. Lassen wir ihn, ausschließlich durch Buddhas Lehre und Gnade und durch nichts, was von Menschengeist geführt, gelenkt wäre, heranwachsen.

„Nun ist es an der Zeit", sagte der Hund eines Tages zu dem Jungen, „dass wir uns auf den Weg machen. Auf DEINEN Weg." Die beiden, aneinander gekettet wie Mutter und Kind, gingen viele Kilometer, von der Höhle in der Nähe des Flusses Irrawaddy, zurück zu der Hütte, wo das Menschenkind vor 5 Jahren geboren worden war.

Seinem unerschütterlichen Glauben folgend, hatte der Vater damals sein Kind dem Hund übergeben, doch – wer mochte es ihm nicht nachsehen – daran gezweifelt, ihn, den so herbeigesehnten Sohn, jemals lebendig wiederzusehen. Umso unfassbarer für diese einfachen Bauersleute war es, als der Hund vor ihrer Schwelle stand und neben ihm ... ein hübscher, starker, kleiner Bursche, der sich zum Gruß tief verbeugte.

„Hier bringe ich euch euren Sohn", begann der Hund. „Ich habe mein Bestes getan, habe ihn alles, was aus meinem früheren Leben im Gedächtnis verhaftet geblieben war, gelehrt. Doch jede Lehre hat nicht sich selbst zum Zweck, sondern erfüllt nur dann ihren Sinn, wenn sie auf ein Gegenüber trifft, ihre Wirkung zu entfalten. So übergebe ich euer Kind nun eurer Fürsorge und Liebe. Behütet es mit der Selbstlosigkeit, wie ich es getan habe. Denn euer Zusammensein wird begrenzt sein: In zehn Jahren, an seinem fünfzehnten Geburtstag, werde ich wiederkommen, mit ihm gemeinsam die nächste Etappe seines Weges zu vollziehen."

Es war, als wäre der Junge nie weggewesen. Als wären die Pfoten, die ihn beschützt und gewärmt hatten, die Arme der Mutter und des Vaters gewesen. Nichts erinnerte daran, dass dieses Kind von einem Hund aufgezogen worden war: nicht seine Art zu essen, nicht seine Sprache, nicht sein Denken und Handeln. Wie selbstverständlich und sofort wurde er in den Kreis seiner acht Schwestern aufgenommen. „Es ist unser Kind“, lächelten sich die Eltern zu, als sie sahen, wie der Junge all die edlen Eigenschaften des Menschseins, Demut, Ehrlichkeit und Nächstenliebe, an alle verschenkte, die ihm begegneten.

Aber anders als im Märchen, wo Stunden, Monate, Jahre bis zum nächsten Abschiednehmen wie Schwerter über den geliebten Augenblicken schweben, wo Angst herrscht zu verlieren, was einem so vertraut geworden ist, dachten die Bauersleute nicht einen Moment an diesen Tag in ferner Zukunft, der unerbittlich, unausweichlich mit jedem Sekundenschlag näher rückte. Sie lebten in dem festen Glauben und Bewusstsein, welch unglaubliches Geschenk jede gemeinsam verbrachte Minute doch war …

Im Morgengrauen des fünfzehnten Geburtstages des ehemals todgeweihten Kindes erschien der Hund. Mit Freude und großer Ehrfurcht wurde er von allen begrüßt. Allen voran von dem Jungen, der nun, groß gewachsen, bereits an der Schwelle zum Mannsein stand. Es flossen keine Tränen der Trauer über einen Abschied, sondern Tränen des Glücks über einen Aufbruch. Es gab nichts, was zurückgelassen werden musste, weder eine Mutter, noch ein Vater, noch Schwestern, es gab nur dieses körperlose Vertrautsein, wie ein Kleid, das man sich überstreift, sich daran zu wärmen.

„Ich bringe euren Sohn nun dorthin, wo er seit dem Augenblick seiner Geburt hingehört: in die Stadt der Unsterblichen, nach Amarapura. Dort, im Kloster Mahagandhayon, wird er als Mönch den Weg fortsetzen, den er durch die Materialisierung eurer Liebe beginnen durfte. Ihr wisst es, auch wenn ihr vielleicht nie darüber nachgedacht habt, er ist und war nie euer Besitz, sondern ist und war nur eine Leihgabe des unendlichen Lebens. Jenes Lebens, das mich dazu bestimmt hatte, seinen Atem zu erhalten, und das nun bestimmt, nur ihm, dem reinen, puren Leben, zu dienen.“ Der Hund machte kehrt und ging los. Und der Junge folgte ihm schweigend. Ohne sich noch einmal umzudrehen. Weil er wusste, dass es dort nichts gab, was er nicht auch in seinem Herzen mit sich tragen würde.

Im Kloster angekommen, erzählte der Hund den Mönchen die Geschichte des Jungen, der schon gestorben gewesen war, und bat sie, ihn aufzunehmen. Und als wären ein sprechender Hund und ein von den Toten auferstandenes Neugeborenes das Natürlichste, Selbstverständlichste, welches zu hinterfragen für sie nicht einmal eines Gedankens wert gewesen, nahmen sie den Neuankömmling freudig in ihre Mitte. „Und du, der dieses Kind gerettet hat", wandte sich einer der Mönche nun an den Hund, „bist ebenso willkommen, in unseren Mauern zu verweilen, weil du ja einer von uns bist."

Die Jahre vergingen. Aus dem Jungen war ein erwachsener Mönch geworden, der sich den gestrengen Regeln des Klosterlebens völlig hingab. Der Hund – war stets an seiner Seite geblieben. Bis zu jenem Tag, an dem er seinen Freund aufforderte, ihm in einen leeren Raum zu folgen, weil er ihm allein und ungestört, was sonst im Kloster kaum möglich war, etwas mitzuteilen habe. „Höre", sprach der Hund, „heute vor zehn Jahren sind wir hier angekommen. Hatte für dich dein neuer Weg begonnen. Und heute ist auch der Tag gekommen, an dem sich unser beider Wege zu trennen haben. Denn ich muss weiter, zu meiner nächsten Aufgabe. Du warst mir gleich wichtig wie mein eigenes Leben. Deine Demut und dein Glaube, deine Hingabe und deine Achtsamkeit erfüllen mich mit Stolz. Durch dich durfte ich so vieles lernen, wofür ich dir danken möchte. Wir werden uns wiedersehen, du musst nur für diesen Augenblick, der irgendwann da sein wird, wachsam sein."
Der junge Mönch hatte dem Hund still zugehört, ohne eine Regung. Nun aber, als er spürte, wie seine Augen sich mit Tränen füllten, hob er rasch seinen Umhang, sein Gesicht zu verbergen. Denn – es fließen keine Tränen der Trauer über einen Abschied und es gibt nichts, was zurückgelassen werden müsste, weder eine Mutter, noch ein Vater,

noch Schwestern – noch ein Hund. Denn es gibt doch nur dieses körperlose Vertrautsein, wie ein Kleid, das man sich überstreift, sich daran zu wärmen.

Am Abend dieses Tages wurde in einem Dorf in der Nähe des Flusses Irrawaddy einer Bauersfamilie ein kräftiges, gesundes Mädchen geboren …

Nacho Giralt
Botum. Siem Rap, Cambodia

Die Schlange

Kambodscha

Samnang hatte noch nicht gehen können. Deshalb war ihr Verschwinden für das ganze Dorf ein Rätsel gewesen: Wie schnell kann ein kleines Mädchen kriechen, um in einem unbeobachteten Moment das Haus, den Garten, die Straße und das Dorf hinter sich zu lassen?

Alle hatten mitgeholfen, das Kind zu suchen. Es gab keinen Winkel, keinen Busch, keinen Zentimeter des schmalen Baches, der nicht abgesucht worden wäre. Ihre Mutter Vanna hatte sie gegen 10 Uhr gestillt, sie dann auf den Boden gesetzt, war kurz hinausgegangen, um Korn aus der Vorratskammer zu holen. Durch die hintere Tür hatte sie die Küche wieder betreten, die Glut angeheizt, den Topf auf das Feuer gestellt und den Brei gestampft. „Versuchen wir es noch einmal", hatte der Polizist befohlen, mit seiner Uhr in der Hand. Bereits zum dritten Mal musste die verzweifelte Mutter den Weg vom Absetzen des Kindes bis zum Entdecken des Verschwindens nachvollziehen. „15 Minuten", wiederholte der Uniformierte nachdenklich, „rechnen wir mit maximal 15 Minuten." Dann blickte er in die Runde und entdeckte Samnangs Bruder Aarun. Er bat den Vierjährigen, ihm zu helfen: Er solle so wie seine kleine Schwester am Boden krabbeln, hinaus in den Garten und weiter, so lange, bis er ihn stoppte. Der weigerte sich zunächst, er krabble doch nicht, dafür sei er doch schon viel zu groß. Doch als ihm eine Süßigkeit versprochen wurde, legte er sich auf den Boden und legte los. Der Junge machte seine Sache sehr gut, krabbelte zur Tür, hinaus in den Garten und, begleitet inzwischen vom ganzen Dorf, die Dorfstraße entlang. Zwischendurch hielt er immer wieder kurz an: „Genug?!" – „Nein", kam es vom Polizisten zurück, „noch drei Minuten." Inzwischen hatten sie den Bach erreicht, er führte kaum Wasser und Aarun krabbelte platschend hindurch. Knapp bevor der Wald begann, rief der Polizist endlich: „Stopp!". Bis zu diesem Kreis, dessen Mittelpunkt das Haus war, konnte Samnang aus eigener Kraft gekommen sein. In diesem Umkreis war bereits alles abgesucht worden, aber man tat es noch einmal. Vergeblich. Das kleine Mädchen blieb verschwunden. „Sie muss entführt worden sein", lautete das Urteil. Nun wurden alle Bewohner befragt, ob sie irgendeine verdächtige Person an diesem Vormittag bemerkt hätten. Aber in das Dorf verirrten sich so selten Fremde, dass sie sofort aufgefallen wären. „Und was, wenn ein Tier sie geholt hat?!", rief einer der Männer. „Davon hört man doch immer wieder!" Also wurde noch einmal jeder Weg, jeder Garten, die Dorfstraße nach verdächtigen Tierspuren abgesucht. Aber nichts. Eine nochmalige Befragung brachte als einziges Ergebnis, dass zwei Frauen am Feld bei der Arbeit ein seltsames Schwirren in der Luft gehört hatten – dem aber wurde vom Polizisten keinerlei Bedeutung zugemessen, sodass er es nicht einmal in seinem Bericht erwähnte.

„Ich lag friedlich in der Baumkrone und genoss die Sonne", erzählte die Schlange, „als ich ein seltsames Schwirren in der Luft hörte. Ich blickte auf und sah einen großen weißen Vogel am Himmel stehen. Groß wie eine Menschenfrau, von einer Art, wie ich sie hier bisher noch nie gesehen hatte. Zuerst durchzuckte es mich, weil ich dachte, vielleicht hat er mich ins Visier genommen. Aber dann sah ich zum Boden und sah, was sein Ziel, sein Begehren, war: Im Bach saß ein Menschenkind, ein kleines, und platschte mit seinen Händen im Wasser. Augenblicke später wurde das Schwirren kurz unterbrochen, denn wie ein weißer Pfeil stürzte sich der Vogel auf die Erde und Augenblicke später hatte er das Kind gepackt und stieg wieder blitzesschnell hoch. Ich erstarrte. Die Menschen des Dorfes waren doch immer gut zu mir gewesen, hatten mir immer wieder ihre gefüllten Opferschalen vor meinen Baum gestellt – ich wollte, ich konnte diesen grausamen Raub nicht zulassen! Rasch glitt ich vom Ast und folgte dem Vogel – ich wusste, dass er mit dieser Last nicht schnell und nicht weit fliegen konnte, nur bis zu einem sicheren Versteck, wo er wohl vorgehabt hätte, seine Beute zu verspeisen. Und ich sollte recht behalten: Nach wenigen Minuten Flug landete er auf einer kleinen, nahezu undurchdringlichen Lichtung mitten im Dschungel. Fast zeitgleich mit seiner Landung erreichte ich den Ort, versteckte mich und beobachtete, was nun passieren würde. Mit seltsamer Vorsicht hatte er das kleine Menschlein am Boden abgesetzt und besah es sich nun von allen Seiten. Zu meiner größten Verwunderung machte das kleine Mädchen keinerlei Anstalten zu fliehen, auch schrie oder weinte es nicht. Im Gegenteil: Es lächelte und streckte seine Hand nach dem großen weißen Vogel aus. Und der hob einen seiner Flügel und ließ ihn ganz sanft über den Kopf des Kindes gleiten, soweit, dass sich Federkleid und Menschenhaut berühren konnten. Sprachlos verfolgte ich dieses, ja geradezu zärtliche, Spiel, verwirrt, weil ich doch erwartet hatte, Zeuge zu werden, wie ein Raubtier seine Beute kurzerhand töten und verspeisen würde. Um mehr von diesem einzigartigen Spektakel, das sich mir da bot, mitzubekommen, rückte ich ein bisschen näher, musste dabei wohl ein Geräusch verursacht haben, denn sofort blickten beide, Vogel und Kind, in meine Richtung und entdeckten mich. Und wieder belehrten mich die beiden eines Besseren: Sie schienen keineswegs überrascht, so wie ich es gewesen war, sondern gaben mir eindeutig Zeichen, näherzukommen und an dieser immer seltsamer werdenden Zusammenkunft teilzunehmen.

,Ich weiß, verehrte Schlange', begann der Vogel mit der wundervollsten Stimme, die ich je gehört hatte, ,dass mein Verhalten dich sehr verwundern muss. Nur – es ist nicht so, wie es den Anschein haben möge. Ich bin ein vom Himmel gesandter Bote, ein Engel, dazu beauftragt, etwas Reines, Unverfälschtes, noch durch nichts Böses Berührtes zu den Göttern zu bringen. Und die Wahl war auf dieses Kind gefallen. Geleitet von diesem göttlichen Willen war alles so arrangiert, dass ich das Kind am Bach in Empfang nehmen konnte. Doch musst wohl auch du Teil dieses Planes sein, sonst wärst du uns ja nicht gefolgt und wärst jetzt nicht hier.'

Ich wusste nicht, was antworten. Kurz überlegte ich, ob der Vogel nicht nur ein großer Geschichtenerzähler sei, mich, die Gefahr, die sein böses Spiel augenscheinlich aufgedeckt hatte, zu beruhigen. Aber diese seine Stimme, diese unglaubliche Ruhe, die das Kind ausstrahlte, inmitten zweier großer, gefährlicher Tiere, ließen diesen Zweifel verfliegen.

Was sollte ich sagen? Wie in einen – sollte es tatsächlich so sein – göttlichen Plan eingreifen?

,Aber das Kind', sagte ich nach einem kurzen Augenblick des Nachdenkens, ,es hat doch sein ganzes Leben noch vor sich. Ist es nicht auch göttlicher Plan, es Frau und Mutter, wichtiger Teil des Ganzen werden zu lassen?' Und eine innere Stimme ließ mich weiters sagen: ,Weder bin ich rein, noch unverfälscht, werde sicherlich mit dem Bösen schon in Berührung gekommen sein, aber ich will dir anbieten, mich an seiner statt zu den Göttern mitzunehmen. Lass dies Kind weiterhin Teil der Schöpfung auf der Erde sein.'

Der große weiße Vogel, der sich Engel nannte, schlug dreimal mit seinen Flügeln und machte dabei dieses seltsame Geräusch, das ich gehört hatte, als ich im Baum lag. Es hörte sich an wie ein Seufzen, ein Wehklagen, vielleicht waren es seine Tränen, die er zu vergießen nicht imstande war. ‚Dein Angebot rührt mich zutiefst', sagte er und seine Stimme klang nun noch überirdischer. ‚Ich bin nur Bote, nicht das Schicksal selbst. Bin nicht Bestimmung, die entscheidet, welchen Lauf das Leben nimmt. Doch ist dein Wille, dich zu opfern wohl das Reinste, das Unverfälschteste, wahrlich kaum zu Übertreffendes. So werde ich den Geist, das Flüchtige, das Unsichtbare deines Handelns, deiner Tat mit in den Himmel nehmen – nichts Anderes war mir ja aufgetragen worden.'

Dann breitete er seine riesigen Schwingen über mich und das Kind, so als würde er uns mit einem geheimnisvollen Zauber umhüllen wollen – und verschwand.

Das kleine Mädchen war während der ganzen Zeit völlig regungslos und still dagesessen und hatte unsere Worte mit großen Augen verfolgt – als wüsste es, dass es um sein Schicksal, um sein Leben ging, das an einem seidenen Faden gehangen war.

‚Halte dich fest an mir' flüsterte ich, es nicht zu erschrecken. Und das Kind schlang seine Arme um mich und wir krochen davon."

Es war die Stunde des Sonnenuntergangs. Das ganze Dorf saß zusammen, um gemeinsam zu trauern. Bis alle von einem plötzlichen Schrei aufschreckten – ungewiss, ob es einer des Entsetzens oder der Freude war. Eine riesige Schlange kroch langsam und zielsicher auf die Menge zu, die sich um das Haus versammelt hatte – und auf ihr saß, wie auf einem Reittier, Samnang und strahlte. Sie strahlte, als sie ihre Eltern, ihre Brüder, als sie all die vertrauten Menschen sah. Die Menge teilte sich wie auf einen unsichtbaren, unhörbaren Befehl hin, die Schlange kroch an ihnen vorbei wie bei einer Prozession und stoppte vor dem Eingang zum Haus. Sie richtete sich auf und hob das Kind mit seinem Schwanz vorsichtig in die Höhe, um es auf dem Boden abzusetzen.

Vanna, seine Mutter, erwachte als Erste aus dem Traum, riss ihr Kind an sich und küsste es. Dann wanderte es von einem Arm zum anderen, bis alle, das ganze Dorf, Samnang umarmt hatten. Während dieser Zeit lag die Schlange ruhig vor dem Haus, niemand hatte sie weiter beachtet. Bis Phirun, der Vater, mit einem Ruf allen Jubel, allen Freudentrubel zum Schweigen brachte. Er kniete sich hin vor die Schlange und machte eine tiefe Verbeugung. Und alle, das ganze Dorf, taten es ihm gleich. Alle lagen auf dem Boden vor Ehrfurcht vor dem Tier, das ein Kind gerettet hatte.

„Wie schön wäre es", sagte Phirun, „könntest du zu uns sprechen und erzählen, was mit Samnang geschehen war. Und wie es kam, dass du sie uns zurückgebracht hast. Dafür werden wir dich für immer ehren. Ich möchte dich einladen – wie schön wäre es, könntest du mich verstehen –, mit uns zu leben. Denn wie ich sehe, seid ihr, du und meine kleine Tochter, euch sehr vertraut."

Die Schlange, die, seit Samnang von ihrem Rücken gestiegen war, völlig regungslos dalag, richtete sich auf, als wolle sie sich verbeugen – und kroch ins Haus. Als wäre es das Selbstverständlichste, als wäre es ihre Heimat. Und das wurde es auch …

Tuul & Bruno Morandi
Baobab trees. Morondava, Madagascar

Der Weg

Madagaskar

Am 10. August des Jahres 1500 ließ Kapitän Diogo Dias ein Beiboot zu Wasser und betrat die bisher auf keiner Seekarte vermerkte Insel, die er Sao Lorenço nannte. Er und 12 Männer seiner Mannschaft machten sich auf den Weg, das neu entdeckte Land zu erforschen. Sie durchquerten dichten Regenwald, sammelten die herrlichsten Früchte, erlegten einige Tiere und nahmen frisches Wasser auf. Am dritten Tag ihrer Erkundung erreichten sie eine Ebene, durch die ein Weg führte. Zum ersten Mal entdeckten sie auch Fußspuren – die Insel musste also bewohnt sein. Sie folgten dem Weg und sahen in der Entfernung seltsame Bäume, wie sie sie noch nie zuvor gesehen hatten. Als sie diese erreichten, stoppten sie und ein mitreisender Kartograf fertigte Zeichnungen an. Da die Sonne bereits sehr tief stand, ordnete Diogo an, dass man hier, unter einem der riesigen Bäume, für die hereinbrechende Nacht ein Lager bereiten solle. Die Männer waren damit beschäftigt, als einer plötzlich innehielt, zur Ruhe mahnte und aufgeregt still gestikulierend seinen Kapitän auf etwas aufmerksam machte. Diogo war hochgesprungen und als er in die Richtung des ausgestreckten Zeigefingers blickte, sah er, keine 50 Meter von ihnen entfernt, zwei

Menschen. Zwei nackte Burschen, Kinder. Sie liefen durch das Gras, kreuzten den Weg, ganz konzentriert auf zwei Reifen, die sie mit großer Geschicklichkeit vor sich her rollten. Die ganze Szene war gespenstisch: 13 Männer, die gerade eben neues Land entdeckt hatten, eine Tat, die ihre Namen für immer in den Geschichtsbüchern verewigen würde. Und die gerade eben noch viel Wichtigeres entdeckt hatten: Menschen! Zwei spielende Kinder! Diogo, ein kluger, umsichtiger Mann, hieß die Männer ihm folgen, vorsichtig, er wolle die beiden Jungs nicht erschrecken. In der Ferne sahen sie schon die ersten Hütten auftauchen. Und so wie die Männer die Strohdächer ausmachen konnten, hatten auch die ersten Bewohner die Fremden entdeckt, die da hinter den Kindern näherkamen. Erst als die ersten Rufe und Schreie ertönten, blickten sich die beiden Burschen um, sofort kippten daraufhin ihre Reifen und sie liefen in Angst und Schrecken ihrem Dorf entgegen. Als Diogo und seine Männer die Siedlung betraten, friedlich, und ebenso willkommen geheißen wurden, ahnte niemand, dass für Madagaskar eine völlig neue Zukunft anbrechen sollte.

Es war der 18. September 1671. Das Dorf lag friedlich in der Nachmittagssonne. Die Jäger waren beschäftigt, Lemuren, Elefantenvögel und Wildkatzen, die sie bei ihrer heutigen Jagd erlegt hatten, in den Vorratskammern zu verstauen. Die Frauen stampften Mais und Hirse. Der Dorfälteste bereitete sich auf sein Ritual zur Stunde des Sonnenunterganges vor.

Tolotra und Tahiana waren die besten im Reifenspiel. Nach der Arbeit ließen sie ihre metallenen Reifen laufen. Sie waren aus dem Abfall verfaulter Fässer gefertigt und wurden mithilfe eines kleinen metallenen Stockes angetrieben. Wie fast jeden Tag liefen sie kilometerweit über die Savanne – keiner konnte so lange und so weit die Reifen treiben, ohne dass sie stoppten oder zu Boden fielen.

Und wie immer waren sie so in ihr Spiel vertieft, dass sie gar nicht bemerkten, wie in der Ferne eine Horde der so gefürchteten weißen Männer mit Karren daher gezogen kamen.

Als sie die laut brüllenden Stimmen hörten, war es schon zu spät: Sie sahen die verhassten Weißen, rannten sofort los, aber vier, fünf Männer hatten sie umzingelt und warfen ihre Netze über sie, so wie es die Jäger mit den Lemuren machten, sie zu fangen. „Die nehmen wir auch noch mit", rief der Anführer der holländischen Händler und lachte zufrieden. „Kinder haben zwar einen niedrigen Preis am Markt, dafür sind sie schneller zu verkaufen." Und Tolotra und Tahiana wurden auf einen Karren geschmissen, wo schon junge Männer und Frauen in Ketten kauerten. Wenige Stunden später lagen die beiden Jungen schon im Frachtraum des Segelschiffes, das Kurs auf Mauritius nahm.

Wegen der hereinbrechenden Nacht hatten sich die Dorfbewohner nicht mehr auf die Suche nach den beiden Kindern machen können – doch sie ahnten Schlimmes. Die Kunde, dass wieder einmal die Sklavenhändler aus einem Land jenseits des Ozeans gelandet waren, hatte das Dorf schon erreicht gehabt.

Am nächsten Morgen fanden sie die beiden Reifen – auf dem Weg, der zu den Affenbrotbäumen führte …

Am frühen Morgen des 17. März 1854 gab der Haushofmarschall der Königin den Befehl, die Pferde vor die Kutsche zu spannen. Anlässlich der Feier zu Ehren des Affenbrotbaumes reiste Königin Ranavalona I. durch das Land – die letzte Nacht hatte sie in einer Zeltstadt übernachtet, die man mitten in der Savanne errichtet hatte. Und nun war es an der Zeit weiterzuziehen. Der mitreisende Hofstaat war schon versammelt und bildete einen Korridor zwischen Zelt und Kutsche. Im Hintergrund, abgeschirmt von Soldaten der königlichen Armee, standen eine Handvoll Eingeborene, die nicht recht fassen konnten, was sich da Ungewöhnliches, wie vom Himmel Gefallenes, abspielte. Dann trat die Königin in einem prachtvollen purpurnen Kleid und einer gleichfarbigen Krone aus dem Zelt und bestieg unter dem Jubel ihrer Untertanen die goldene Kutsche, die in der Sonne blitzte und blinkte wie ein Stern einer fernen Galaxie. Begleitet von Reitern in prächtigen Uniformen, setzte sich der Zug langsam in Bewegung. Sie waren noch keine 10 Minuten unterwegs, als der Zufall oder das Schicksal es wollte, dass die Königin just in jenem Augenblick das Fenster der Kutsche kurz öffnete, etwas frische Luft in das stickige Innere zu lassen, als sie sah, wie zwei Kinder, völlig versunken in ihrem Spiel, sich anschickten, ihren Weg zu kreuzen. Natürlich war klar, dass weder Kutscher noch Soldaten auf die Spielenden Rücksicht nehmen würden, weniger klar war jedoch, dass Ranavalona I., die hartherzige, eiskalte Herrscherin, so etwas wie Gefühle, Muttergefühle, zu besitzen schien: Sie rief, nein, schrie, sofort anzuhalten. Aufgeschreckt von den schnaubenden Pferden und dem Quietschen der gezogenen Bremsen, blieben die beiden Burschen stehen und erstarrten, als sie sahen, wer und was da vor ihnen stand. Hatten alle Anwesenden damit gerechnet, dass die Königin nun Befehl geben würde, die Kinder – noch die mildeste Annahme – auszupeitschen, weil sie es gewagt hatten, den Weg der Majestät zu kreuzen, den königlichen Zug aufzuhalten und zum Stoppen zu zwingen, lächelte Ranavalona I. zur Überraschung aller milde und rief nun sogar die beiden Jungen zu sich: „Was macht ihr da? Das habe ich noch nie gesehen!" Schlotternd standen die nackten Buben vor der goldenen Kutsche und wagten kaum, ihre Augen zu heben. „Ihr braucht keine Angst zu haben", sagte sie. „Ich will ja nur wissen, wie ihr das macht. Zeigt ihr es mir?" Ungläubig sahen sich die beiden Jungs an – ebenso ungläubig sahen sich alle anderen Umstehenden an. Was war nur in die Königin gefahren? Aber ermutigt durch die sanfte Stimme Ranavalonas hoben sie ihre Reifen hoch und ließen sie sehr geschickt vor dem Fenster der Kutsche in einem kleinen

Kreis laufen. „Bravo!", rief die Königin begeistert. Und zum völlig verdutzt dreinschauenden Haushofmeister, der diese, für ihn völlig absurde, Szene stramm verfolgte, sagte sie: „Warum hat er mir dieses Spiel verheimlicht? Warum habe ich so etwas Einfaches, Großartiges noch nie gesehen? Notiere er mir die Namen der Kinder. Sie werden in die Stadt geholt, zur Schule gehen und auf meinen königlichen Wunsch hin studieren. Wer fähig ist, ein Stück Eisen so virtuos zu drehen, der wird auch das Rad des Lebens ebenso vorwärtszutreiben imstande sein!" Mit dem Schließen des Fensters hob der, nun noch mehr verdutzte, Haushofmeister seine rechte Hand als Zeichen des Aufbruchs, der Kutscher ließ die Zügel locker und der königliche Zug rollte weiter.

25 Jahre später: Nur äußerst selten stellte jemand die Frage, warum im Büro eines Anwaltes und in der Praxis eines Arztes in Manakara Reifen aus Eisen an der Wand hingen …

Ich bin mit einer Gruppe von Biologen der Universität von Antananarivo unterwegs. Als Vertreter der Weltbank in Madagaskar soll ich ein Forschungsprojekt über die madagassischen Affenbrotbäume in die Wege leiten und betreuen. Wir stehen unter einer Gruppe der gigantischen Bäume und sind gerade inmitten einer Diskussion, als wir zwei Jungen sehen, die mit unglaublicher Geschicklichkeit und Geschwindigkeit ihre simplen Eisenreifen mithilfe eines Stabes vor sich hertreiben. Es ist seltsam, aber diese Szene berührt uns alle: Da stehen wir, eine Gruppe bestausgebildeter Akademiker und ein Vertreter einer Weltorganisation, zusammen und diskutieren über ein Millionenprojekt und zwei Kinder mit dem einfachsten und einem der ältesten Spielzeuge der Welt lassen uns in unserem ernsthaften und intellektuellen Gespräch plötzlich innehalten. Wir rufen sie herbei und freundlich kommen sie mit den rollenden Reifen auf uns zu. Als wir sie loben und ihnen sagen, dass sie dieses Spiel großartig beherrschen, und ihnen auf die Schulter klopfen, nehmen sie die Reifen und drücken sie uns in die Hand. „Wollt ihr auch mal versuchen?", fragen sie und lachen. Wir sehen uns an – und dann geht es los. Keiner von uns schafft auch nur zwei Meter. Die Jungs lachen noch mehr. Und voller Stolz lehren sie uns nun das doch „ganz einfache Spiel", wie sie sagen, und können sich nun gar nicht mehr einkriegen vor Lachen. Und auch wir können uns bald nicht mehr halten vor Lachen, als wir gegenseitig bemerken, mit welch Ernsthaftigkeit und Konzentriertheit wir probieren, den Reifen länger als zehn Meter zum Rollen zu bringen. Bis wir es schaffen und die Buben jubeln und uns anfeuern und wir, abwechselnd und „Jetzt lass mich doch!" rufend, Reifen aus Metall über die Savanne bei den Affenbrotbäumen rollen lassen.

Als wir nach mehr als zwei Stunden völlig verschwitzt und erschöpft in unsere Jeeps steigen, sind wir uns einig, dass wir gerade die schönsten Stunden, die wir in letzter Zeit erleben durften, verbracht hatten. Um dann, plötzlich still und nachdenklich geworden, wieder den Weg zurück in die Wirklichkeit zu nehmen …

Tuul & Bruno Morandi

Teyyam ceremony. Kannur, India

Prinz Prahlada

Indien

In deinen schwarzen Augen, Prahlada, spiegelt sich das Nichts wider,
das ganz am Anfang stand. Aus deinem Blick, Prahlada, wird aus
diesem Nichts Vishnu geboren. Und Vishnu ist es, der als seine erste
Tat in deinem Gesicht, Prahlada, eine glühende Sonne aufgehen lässt.
Diese deine Sonne, Prahlada, die das Licht und die Wärme hervorbringt,
wird nun alles zum Leben erwecken. Sie wird deinen ganzen Körper mit
Licht überziehen und damit die Erde erschaffen. Auf der sich dann, nach
Vishnus Plan, das Leben manifestiert. Noch ist alles stumm und starr,
doch durch deinen Mund, Prahlada, ruft Vishnu nun die Zeit herbei,
die alles in Bewegung setzt. So beginnt Maya, die Urkraft, die das Herz
eines neuen Universums zum Schlagen bringt. Und du, Prahlada, bist
Teil dieses Universums, weil es durch dich wiedergeboren wird. Wieder
und immer wieder. Durch dich, Prahlada, wird Vishnu lebendig.
Durch dich, Prahlada, vollzieht sich der göttliche Plan, der allem Leben
Atem schenkt, wieder und immer wieder. Vishnus Geburt liegt weit
zurück in der Unendlichkeit, als noch nichts existierte, wofür es ein Maß
hätte geben müssen. Deine Geburt, Prahlada, liegt nur Augenblicke weit
zurück. Nun bist du schon bereit, Fragen zu stellen: Deine Augen fragen

nach der Schöpfung – und Vishnu antwortet dir, dass Brahma die Antwort ist. Dein Blick fragt nach dem Übel, dem Schmerz und der Zerstörung. Und Vishnu antwortet dir, dass Shiva die Antwort ist. Und wenn dein Mund das Hier und Jetzt nicht in Worte zu fassen imstande ist, dann kommt er, Vishnu, und zerstreut all deine Zweifel.

„Prahlada", sagte sein Vater, der König, „sei nicht ein so widerspenstiger Querkopf. Du hast nicht nur deinem Vater, du hast mir als König zu gehorchen!" – Prinz Prahlada war schon als kleines Kind anders gewesen. Wenn die anderen Königskinder stundenlang einem Ball nachjagten, saß er versonnen unter einem Baum und beobachtete stundenlang das Kommen und Gehen der Vögel und Insekten. Wenn die anderen dem Privatlehrer brav nachsprachen, was der ihnen lehrte, stellte Prahlada Fragen, die zu beantworten den Erwachsenen oft schwerfiel. Wenn ihm die Diener und Zofen die feinsten Damasthosen und die reich bestickten Seidenhemden für den Besuch des Tempels hinlegten, nahm er ein Tuch und wickelte es sich geschickt um seinen Körper, das ihn aussehen ließ, als wäre er ein einfacher Mönch. „So kann das nicht weitergehen", sagte der Vater und König zur Mutter und Königin. „Sein Verhalten lässt meine Autorität, meine Macht ins Wanken geraten, ja stellt meinen königlichen Rang infrage. Das muss ein Ende haben!" Die Situation wurde immer bedrohlicher. Am Ende einer jeden Auseinandersetzung schrie der König: „Du hast mir zu gehorchen und sonst niemandem!" – Und Prahlada antwortete mit einer für sein Alter kaum zu erklärenden Ruhe, die seinen Vater noch mehr in Rage brachte: „Ich folge nur Vishnu und sonst niemandem!"

Die Wut des Vaters wurde noch verstärkt von den Einflüsterungen der königlichen Berater, die davor warnten, wie sich der Prinz entwickeln möge, wenn er schon jetzt, gerade erst pubertierend, sich gegen die Macht auflehne. „Ich wage es kaum auszusprechen, Majestät", sagte der Kanzler, „aber der Prinz ist eine Gefahr, die es zu beseitigen gilt." Nun also war ausgesprochen, was die Gedanken des

Königs bisher nur in grausamen Träumen offenbart hatten: dass sein Sohn getötet werden müsse! „Das Leben des Prinzen ist in deiner Hand, Kanzler." Ein enger Kreis dunkler Gestalten begann nun, Mordpläne zu schmieden, wie der ungehorsame Sohn beseitigt werden könne. Ein erster Versuch wurde bei einem Ausritt hoch zu Ross gestartet: Dem Prinzen wurde der wildeste Hengst des Stalles zugewiesen, ein kaum zu bändigendes Tier. Die Mordbande hatte alles vorbereitet: ein Weg, der an einem steilen Abgrund endet. Ein zur rechten Zeit gesetzter Stich in die Hinterläufe des Pferdes – und der Sprung in die tödliche Tiefe wäre gesichert. Alles verlief zunächst wie vorgesehen. Doch einen Augenblick, bevor der Stich den Hengst sich aufbäumen lassen sollte, wirbelte das Tier herum, sprang über die Köpfe der vermeintlichen Mörder, schlug dreien von ihnen dabei den Kopf mit seinen Hufen ab und trabte anschließend, nun völlig friedlich wie ein Ackergaul, zurück ins Schloss.

Nach dem so kläglichen Scheitern der ersten Tat versuchte der Kanzler es als Nächstes mit Gift in des Prinzen Lieblingsmahl. Doch auch nach genüsslichem Verspeisen einer zweiten Portion saß er immer noch vergnüglich da, anstatt sich im Todeskampf am Boden zu winden. „Das ist unmöglich", verzweifelte der Kanzler, „diese Menge Gift hätte selbst in einer Portion gereicht, zwei Elefanten um ihr Leben zu bringen." Der König wurde langsam ungeduldig und drohte dem Kanzler nun selbst mit dem Tod, sollte er das Werk nicht endlich vollenden.

Am nächsten Morgen schallte es durch den Königshof: „Welch Unglück! Welch schreckliches Schicksal!" Prinz Prahlada sei beim Wasserschöpfen in den tiefsten Brunnen gefallen, verschwunden, wie vom Erdboden verschluckt wäre er, nichts als stilles Tropfen sei aus der Tiefe zu hören. „Es war nicht einfach", sagte der Kanzler, „euren Sohn eigenhändig über die Mauer des Brunnens zu stoßen. Denn wie er mich angesehen hatte, bevor ich ihn in die Tiefe stürzte, werde ich wohl nie mehr vergessen." – „Gut gemacht", antwortete der König, „Dafür werde ich dich reich belohnen!" Am Abend dieses Tages hatte der König den ganzen Hofstaat in den Tempel geladen, von seinem Sohn Abschied zu nehmen. Gerade als der Kanzler dabei war, eine Ruhmesrede auf den so jung Dahingegangenen zu halten, ertönten laute Jubelschreie von draußen. Das große Tor öffnete sich langsam und hereintrat – Prinz Prahlada, völlig unversehrt. Da er gekleidet war wie ein Mönch, hätte man fast meinen können, ein Heiliger betrete den Saal. Er ging geradewegs auf seinen Vater zu und blieb atemweit vor ihm stehen. „Vielleicht erkennst du nun, Vater, dass ich niemand anderem als Vishnu zu folgen habe, denn er war es, der mich drei Mal, hörst Du, DREI MAL vor dem sicheren Tod bewahrt hat! Niemand Irdischer soll es wagen, sich über den Plan der Götter zu stellen!"

„Ich wollte es vermeiden, aber dieser Teufelssohn lässt mir keine andere Wahl!" Voll Zorn rief der König nach seiner Schwester Holika, der Dämonin, die im Inneren der Erde wohnte. Sie war gefeit vor den alles verzehrenden Flammen des Feuers und da ihr allerliebstes Spiel es war, den vom Schicksal vorbestimmten Weg der Kinder durch den Tod jäh zu unterbrechen, erschien sie ihm perfekt für seinen Plan. „Wie schön, dich wiederzusehen, Prahlada", rief Holika mit süßester Stimme. „Solange du noch Kind und bevor du Erwachsener bist! Komm, setz dich zu mir auf den Schoß!" Kaum, dass der Prinz sich auf den Schoß seiner Tante gesetzt hatte, öffnete sich der Boden des Prunksaales und glühende Flammen schlugen meterhoch aus dem Loch. Mit einem Schrei des Verzückens fuhr die Dämonin hoch, fest in ihren Armen das Kind, und sprang in das Feuer. Der König/Vater/Bruder war zurückgewichen vor der unerträglichen Hitze und musste nun das Unfassbare mitansehen: Nicht, dass sein Sohn, der Prinz, verbrannt wäre, nein, mit einem Schlag waren alle Flammen erloschen und Prahlada stand genau dort, wo es eben noch gelodert hatte, stand dort inmitten eines Berges roter Asche – alles, was von Holika, der Dämonin, der Schwester übrig geblieben war. Dies Unfassbare war zu viel für den

König. Die Angst, der Schrecken und wahrscheinlich auch die Rache der Götter ließen mit einem Schlag sein Herz verstummen und er sank tot zu Boden. Prahlada stand immer noch so da, bis er sich beugte und ganz langsam und bedächtig begann, sein Gesicht, seine Haare, seinen Körper mit der roten Asche zu bedecken, während er zu Vishnu betete, sich zu bedanken.

Heute, Prahlada, ist die erste Vollmondnacht des Monats Phalguna. Heute wird der Frühling den Winter besiegen. Das Gute das Böse. Das Licht die Dunkelheit. Diesen Sieg zu feiern, Prahlada, hast du dich heute mit roter Farbe bedeckt. Deine Augen, die das Nichts mit Leben erfüllen. Dein Blick, der an das Allerhöchste, das Übergeordnete, der an Vishnu erinnert. Dein Mund, der verkündet, dass der Atem des Universums nahe ist. Ganz nahe. Ganz nahe bei dir, Prahlada.

Muhammed Muheisen

Zahra Mahmoud, a 5-year-old refugee girl. Syria

Das Mädchen, das die ganze Welt kannte

Syrien

Als Du, Fremder, zum ersten Mal dieses Zyklopenauge auf mich richtetest, sah ich, gespiegelt in dessen Pupille, das Mädchen aus der Wüste. Ich sah das Zelt mit den Rissen, durch die die Sterne funkeln. Ich sah die Feuerstelle, auf der meine Mutter den Brei kocht. Ich sah den Vater mit den Schafen früh am Morgen fortziehen und ihn nach Sonnenuntergang heimkommen. Ich sah meine Brüder, wie sie einem Ball aus Lumpen nachjagen. Ich sah meine Schwestern und mich Wolle drehen. Ich sah ein Lachen. Ich sah Angst. Ich sehe den Vater heranlaufen, ohne Schafe, sehe ihn gestikulieren, sehe ihn mit der Mutter alle Habseligkeiten zusammenpacken, sehe, wie beide uns Kinder antreiben. Ich sehe Angst. Solche Angst. Ich sehe uns nichts verstehen. Ich sehe wirres Rennen, sehe das Zelt, in dessen Löcher sich Sterne verfangen hatten, wie es in sich zusammenbricht. Ich sehe uns rennen. Ich sehe uns gehen, als wir nicht mehr rennen können. Ich sehe uns sitzen, als wir nicht mehr gehen können. Ich sehe das Himmelszelt, das nun unser Zuhause ist. Ich sehe uns gehen. So viele Tage, nichts als gehen. Ich sehe uns vor Hunger und Durst weinen. Ich sehe den Vater und die Mutter, wie sie uns in die Arme nehmen. Ich sehe sie beten.

Ich sehe etwas am Horizont auftauchen. Ich sehe uns alle rennen, obwohl wir sitzen müssten. Ich sehe uns in einer Stadt aus Zelten, weißen, ankommen. Ich sehe uns Wasser und Brot, Brot und Wasser, Wasser und Brot in unsere Münder stopfen. Ich sehe uns schlafen wie Könige auf einer Matte in einem Zelt, in dem keine Sterne funkeln. Ich sehe uns nicht mehr frieren, ich sehe uns nicht mehr Hunger leiden. Ich sehe viele andere Menschen. Ich sehe Angst. Ich sehe Trauer. Ich sehe Wut. Ich sehe Vater weggehen. Ich sehe ihn nicht wiederkommen. Ich sehe Tage, Wochen, Monate vergehen. Ich sehe, wie meine Schwestern und Brüder älter werden. Ich sehe, wie die Jahre im Gesicht meiner Mutter vorüberziehen. Ich sehe, wie sie meine Kindheit fortnehmen. Für immer. Ich sehe fremde Menschen, die gut zu uns sind. Ich sehe dich. Ich sehe, wie du näherkommst. Ich sehe, wie du mich ansiehst. Ich sehe, wie du mir ein Zeichen machst, ich solle mich hinstellen und so stehen bleiben. Ich sehe, wie du lächelst. Ich sehe, wie du zeigst, ich solle keine Angst haben. Ich sehe, wie du etwas aus einer Tasche ziehst, das aussieht, wie das Auge eines Zyklopen. Du richtest das Auge auf mich und mit einem Mal sehe ich ...

Ein Licht – wie Sterne durch die Risse eines Zeltes. Es brennt ganz hell in der Mitte eines Raumes. Ich sehe, wie jemand einen Knopf drückt und es Nacht wird. Und ihn noch einmal drückt und es wieder Tag wird. Ich sehe eine Stadt, die hat so viele Häuser, wie Sandkörner durch meine Finger rinnen. Ich sehe, dass diese Häuser bis in den Himmel ragen. Ich sehe ein noch viel größeres Auge. Es ist viereckig. In ihm spiegeln sich bunte Bilder von Menschen und von Tieren, wie ich sie noch nie gesehen hatte. Ich sehe einen Laden, so groß wie tausend unserer Zelte, mit Früchten und Broten, mit rosigem Fleisch und glänzenden Fischen. Ich sehe, wie Hände ganz langsam, ohne Gier, ohne Hast nach dem Essen greifen und es davontragen, so selbstverständlich, als wären es nicht die allergrößten Schätze, sondern Disteln, die der Wind durch die Wüste trägt. Ich sehe junge Mädchen, kaum bedeckt von Stoff, laut

lachend sich eng im Kreise drehen in den Armen junger Männer.
Ich sehe sie küssen, wie ich es einmal heimlich bei Vater und Mutter
habe ansehen müssen. Ich sehe Alte und Junge gemeinsam lachen und
singen und zusammensitzen mit geheimnisvoll bunten Getränken,
die flüssig, aber kein Wasser sind. Ich sehe einen hohen, glatten Berg,
so hoch, dass seine Spitze nicht zu sehen ist. Ich sehe, wie er glänzt, als
wäre er aus Silber. Ich sehe weiße Punkte vom Himmel fallen, die alles
in ein gleißendes Weiß hüllen. Ich sehe einen riesigen Pfeil in den
Himmel steigen, einen feuerlodernden Schwanz hinter sich herziehend.
Ich sehe meine Zeit aus Tag und Nacht, aus Morgen, Mittag und Abend,
wie sie gefangen ist in einem Behältnis und sich tickend im Kreis dreht.
Ich sehe Wasser. Bis zum Horizont nichts als Wasser. Ich sehe, wie es auf
mich zukommt und meine nackten Beine hochläuft. Ich sehe riesige
Häuser schwimmend darin auf und ab schwingen wie die Höcker von
Dromedaren. Ich sehe Menschen in das Wasser springen, sich darin
bewegen, anstatt es zu trinken oder sich damit zu waschen. Ich sehe
ein Mädchen, wie ich eines bin, mit Haaren in der Farbe des Sandes.
Ich sehe, wie es auf ihre unbedeckten Schultern fällt. Ich sehe, wie ein
Junge danach greift und daran riecht. Ich sehe ein Kreuz mit einem
Mann darauf. Ich sehe ein Tier mit 5 Armen vor dem Menschen liegen
voller Ehrfurcht. Ich sehe 7 Kerzen brennen und Menschen, die beten,
aber anders als wir. Ich sehe einen eisernen Vogel. Ich sehe im
Zyklopenauge eine andere Welt, die wie ein Märchen klingt, wüsst' ich
nur, was ein Märchen ist.

Ich sah das Bild eines Mädchens mit braunen Augen und den rosa
Bärenhaarspangen, ihre Zöpfe zu halten. Ich sah Menschen aller
Hautfarben vor diesem Bild stehen und dem Mädchen in die Augen
sehen. Ich sah, wie die braunen Augen des Mädchens diese Menschen
verschlangen, wie sie eingesogen wurden, und ich sah, wie diese
Menschen in einem Zelt erwachten, durch dessen Risse die Sterne zu

sehen waren. Ich sah die Menschen lächeln. Ich sah Glück in ihren Augen. Ich sah Hoffnung in ihren Augen. Ich sah Trauer in ihren Augen. Ich sah Tränen in ihren Augen.

Ich sah, wie das Auge des Zyklopen unwirklich langsam sein Lid schloss, mich für alle Zeiten darin zu verschlingen ...

Jordi Boixareu
Schoolkids. Karimabad (Hunza area), Northern Pakistan

Die sieben Jungs

Afghanistan

Diese unglaubliche Geschichte würde man ein fantastisches Märchen nennen, würde es von Handwerksburschen, Prinzessinnen und Feen berichten. Aber es handelt von wahrhaftigen Menschen und es wird von wahrhaftigem Leben erzählt.

Wahrscheinlich wäre auch diese Geschichte, wie Millionen davor und wie Millionen danach, im Meer der tausend Alltage versunken. Wie all jene Erlebnisse, die kurz vor ihrem Verschwinden nichts als ein paar Kreise im Wasser ziehen, um dann für immer in der Erinnerung zu verschwinden, um nie mehr wieder aufzutauchen. Aber an jenem Morgen wurde eine dieser Geschichten, die wie ein Wunder klingt, gerettet, um sie damit für immer am Leben zu erhalten ...

Mrs. Tripton, Englischlehrerin an der St. Marks West Essex Catholic School in Harlow, nahe London, stellte an jenem Morgen ihren Schülern der 1. Klasse der Sekundarstufe eine Aufgabe: Schreibt eine Geschichte auf aus eurem Alltag, am besten eine, die heute oder gestern passiert war. Denkt weder an Besonderes, noch an Aufregendes. Beschreibt einfach etwas ganz Normales.

Am Abend saß Mrs. Tripton über den Arbeiten ihrer Schülerinnen und Schüler. Das erste Dutzend hatte sie schon gelesen, nette Aufsätze, gut gelöste Aufgaben.

Dann kam der von Aalem. Ein besonders netter, stiller Junge mit afghanischen Wurzeln, der beste Schüler der Klasse mit herausragenden Fähigkeiten.

Zuerst flog sie über seine, für einen Elfjährigen brillant geschriebenen, Worte, verlangsamte dann aber sehr bald ihr Lesen, um innezuhalten und nochmals von vorne zu beginnen. Nun noch langsamer, vorsichtig jedes Wort aufnehmend, als würde sie einen Text von Shakespeare lesen.

Als sie seine Geschichte über eine ganz normale, nicht aufregende und nicht besondere Begebenheit seines Alltags fertig gelesen hatte, war sie so verwirrt, dass sie hastig in ihren Unterlagen die Telefonnummer von Aalems Eltern heraussuchte und sie wählte. Die Mutter war am Apparat und Mrs. Tripton bat, ihren Sohn kurz sprechen zu dürfen. „Alles gut, Aalem", sagte sie, „ich muss dich nur etwas fragen, weil ich weiß, dass ich sonst heute nicht schlafen werde können. Diese Geschichte, die du heute geschrieben hattest, du weißt, eine aus deinem Alltag, sag, hast du die erfunden?"

„Nein", antwortete Aalem ruhig und mit der Selbstsicherheit eines guten Schülers. „Jedes Wort ist wahr. So hat mein Vater sie uns gestern Abend erzählt. Wollen sie ihn sprechen?"

Mrs. Tripton sagte nein, sie würde ihm natürlich glauben, wünschte ihm und seiner Familie noch einen schönen Abend und legte auf.

Sie kehrte an ihren Schreibtisch zurück und las die Geschichte über Aalems Vater noch einmal.

Heute Morgen, hatte er seiner Familie erzählt, hätte er im Zug auf dem Weg zur Arbeit auf seinem Sitz ein Magazin liegen gesehen, es in

die Hand genommen und darin zu blättern begonnen. Bei einer
Reportage über eine Fotoausstellung in der Photographers' Gallery
in London hatte er kurz innegehalten, um die fantastischen Fotos zu
betrachten. Er hatte schon weitergeblättert, als ihn irgendetwas
antrieb, ein Gefühl, als würde jemand ihm befehlen, noch einmal auf
die vorige Seite zurückzukehren. Dort war ein außergewöhnliches Foto
zu sehen. Es zeigte das geöffnete Heck eines alten amerikanischen
Straßenkreuzers, in dem sieben Buben saßen und den Fotografen so
ansahen, als wären sie bei irgendetwas überrascht worden. Tawfiq,
Aalems Vater, starrte zuerst auf das Nummernschild, als würde er sich
dort die Versicherung holen wollen, dass das, was da im Pendlerzug an
diesem Morgen über ihn hereinbrach, auch wirklich wahr sein könne.
Es war ein afghanisches Nummernschild. Dann erst blickte er in die
Gesichter der Jungen. In jedes einzelne. Und murmelte dabei langsam,
als wäre er mit einem Mal in eine andere Dimension gebeamt, deren
aller Namen: Abdul-Hadi, Barakat, Fathullah, Ilham, Jafar, Zain und –
nun rannen ihm die Tränen über die Wangen und tropften auf die Seiten
des Magazins – Tawfiq, der kleinste unter ihnen, ER, neben seinem
Bruder Ilham sitzend. Er schüttelte immer wieder den Kopf, er weinte,
er schlug die Hände vor sein Gesicht, er, der sonst so Schüchterne,
Zurückhaltende scherte sich nicht um die Blicke seiner Sitznachbarn,
die ihn ansahen, als wäre er verrückt geworden. In diesem Augenblick
blieb der Zug an irgendeiner Station stehen. Tawfiq sprang auf, stürzte
zum Ausgang und in letzter Sekunde aus dem Zug. Mit dem Magazin in
der Hand rannte er aus dem Bahnhof. Ein paar hundert Meter vom
Bahnhofsgebäude entfernt sah er eine kleine Baumgruppe, zu der er
nun rannte und sich dort auf den Boden zwischen den Bäumen warf.
Plötzlich erinnerte sich der erfolgreiche Wissenschaftler und
Universitätsprofessor an seine herausragenden Eigenschaften, die
ihn hatten soweit kommen lassen: Disziplin, Intelligenz und
Verantwortungsbewusstsein. Sie erinnerten ihn, dass er diese

Dimension, in die er vor weniger als einer halben Stunde gebeamt worden war, kurz verlassen musste, um den Alltag zu regeln. Er rief in der Universität an und erklärte seiner Sekretärin mit ruhiger Stimme, dass er heute verhindert und für niemanden zu erreichen sei. Nachdem er dies alles erledigt hatte, öffnete er wieder die Zeitmaschine und kehrte nach Hazaras zurück ...

Jafar hatte Geburtstag gehabt. Die Gang aus sieben Burschen, ich dabei, weil der kleine Bruder des Ältesten, hatte sich hinter Samims Laden vor den Blicken der Erwachsenen versteckt. „Was wünscht du dir zum Geburtstag?", hatte Ilham gefragt. „Keine Schüsse mehr zu hören", hatte der gesagt. „Keine Angst mehr zu haben. Und einen Apfel", hatte der gesagt.

„Illham", hatte Barakat gefragt, „können wir nicht weggehen? Dorthin wo es keine Schüsse, keine Angst, aber Äpfel gibt? Kannst du uns nicht dorthin bringen?"

„Ja, Illham", hatten mit einem Mal alle gerufen, auch ich, der Kleinste, der nichts verstand und nur nachplapperte, was er hörte. „Lass uns weggehen, Illham!"

Irgendetwas muss mit ihm, dem Ältesten, geschehen sein, denn plötzlich sprang er auf, befahl uns, sitzen zu bleiben, uns nicht von der Stelle zu rühren, und verschwand um die Ecke. Wenig später kehrte er zurück und erklärte mit aufgeregter Stimme, wenn wir wirklich verschwinden wollten, dann wäre dies jetzt DIE Gelegenheit! Er hatte Samim sagen hören, dass er in die Stadt fahren müsse, um Waren für seinen Laden zu besorgen. Er hätte es schon probiert: Der Deckel des Kofferraums sei nicht verschlossen. Ob sie Mut hätten, sich dort zu verstecken. Ob sie bereit wären, dort drinnen, in diesem finsteren Verlies, vier Stunden auszuharren. Ob sie bereit wären für dieses Abenteuer. Ob sie bereit wären für eine andere Zukunft. Ob sie bereit wären, womöglich ihre Eltern nie mehr wiederzusehen. Es war diese letzte Frage, die alle, die geschlagen wurden, die hungerten, die sich für ein paar Schlucke Wasser eine Stunde anstellen mussten, wie aus einem Mund rufen ließen: „Ja, Illham, lass uns verschwinden!" Illham lotste die Bande vorsichtig um die Hausecke, mich am Arm, dann öffnete er den Kofferraumdeckel des gigantischen Automobils, half einem nach dem anderen hinein, mich setzte er dazu, blickte sich noch einmal um, ob wohl niemand etwas mitbekommen hatte, kroch zu uns und zog den Deckel zu. Verschloss unsere Vergangenheit und unsere Gegenwart und mit dem KLICK des Schlosses wurde dieses Bubenpaket an eine unbekannte Zukunft verschickt. Waren wir gefangen in einer Zeitmaschine, die uns irgendwo wieder ausspucken würde. „Aber was", flüsterte Zain plötzlich, „wenn Samim, bevor er losfährt, noch etwas in den Kofferraum lädt und uns entdeckt!?"

„Dann gibt es keine Äpfel", hatte Illham geantwortet, „sondern Schläge ..." Kaum hatte er es ausgesprochen, hörten wir etwas und lauschten atemlos: Eine Tür wurde geöffnet und zugeschlagen, ein Motor gestartet, krachend ein Gang eingelegt und dann begann es zu schütteln und rütteln und das Auto setzte sich langsam und bedächtig in Bewegung. Kurz hatte sich Samim gewundert, was für ein seltsames Geräusch, wie das Schreien von Jungen, von der Straße oder von sonst woher zu hören gewesen war ...

In Kabul angekommen, wiederholte sich die Reihenfolge: Der Wagen kam zum Stillstand, der Motor wurde ausgeschaltet, eine Tür wurde geöffnet und wieder zugeschlagen, dann herrschte Stille. Wir wussten nicht, wo wir gelandet waren, nicht, ob es Tag oder Nacht war, völlig verängstigt kauerten wir aneinander. Ich hörte Illham flüstern, wir sollten keine Angst haben, nun seien wir am Weg, nichts kann uns mehr aufhalten. Nach einer elend langen Zeit hörten wir plötzlich Schritte und die Stimme Samims, der befahl, all die Sachen hierher zu bringen. Und sagte, er werde nur schnell den Kofferraum öffnen. Wir waren bereit für die Katastrophe. Ich war damals gerade mal vier Jahre alt, aber das Erlebte hatte sich in meine Erinnerung eingebrannt wie meine Hochzeit, wie meine Habilitierung, wie die Geburt meiner Kinder: Samim öffnet den Kofferraum und sieht sieben Buben leichenblass und schreckerstarrt zusammengekauert im Kofferraum seines ganzen Stolzes. Er schlägt den Deckel sofort wieder zu und trifft dabei Fathullah, der seinen Kopf schon erhoben hatte und der aufbrüllt vor Schmerz. Man hört den Händler lauthals ein Gebet sprechen. Man hört Stimmengewirr. Er öffnet den Kofferraum, nun aber ganz langsam, als würde er Angst haben, nochmals eine solche Fata Morgana, und eine solche musste es sein, erleben zu müssen.

Als der Deckel ganz geöffnet ist, sehen wir eine Traube von Menschen um das Heck des Wagens stehen. In der Mitte Samim, der uns anstarrt, alle starren uns an. Sehr langsam winden wir uns aus der zusammengekauerten Position und setzen uns auf. Ich beginne zu weinen, ich war vier, aber ich kann mich sekundengenau daran erinnern: Ich beginne zu weinen und Illham nimmt mich in den Arm und flüstert mir zu: „Alles ist gut." Wir blicken von einem Umstehenden zum nächsten, alle schweigen. Neben Samim steht ein Fremder, ein Weißer, auf ihm bleiben unser aller Augen hängen. Der Fremde ist der Einzige, der lächelt. Es ist das erste Lächeln, das ich bewusst wahrnehme. Ich erinnere mich, weil mir war, als würde dieser Fremde mich einhüllen mit seinem Lächeln. Einem Lächeln, das sich anfühlte wie ein Stück Brot, ein Schluck Wasser, wie der Duft eines Apfels und die samtene Haut meiner Mutter, als ich sie noch berühren durfte. Während ich ihn weiter anstarre, holt er etwas hervor, hält es sich vor sein Gesicht, es sieht aus wie ein Auge und dieses kaum zu ertragende Schweigen der Männer wird unterbrochen von Klicken, einem seltsamen Geräusch, das von diesem Ding vor dem Gesicht des Fremden auszugehen scheint. Dann sagt der Weiße etwas und mit einem Mal lachen alle, nehmen uns in ihre Arme, helfen uns aus dem Auto und auch Samim scheint zu erwachen, denn plötzlich nimmt er Illham, klopft ihm auf die Schulter und beginnt, seinen Mut zu loben.

Das Foto schien wie ein Fenster zu Tawfiqs Vergangenheit, durch das er immer noch schaute und durch das immer noch die Geschichte, seine Geschichte, wie ein warmer Strom floss. Wie sie in ein Lager kamen. Wie sie getrennt wurden. Wie er und Illham ein Flugzeug bestiegen. Wie sie in Großbritannien ankamen. Wie sie in einer Familie ankamen, deren Lächeln sich so anfühlte wie das versprochene Paradies in den Koransuren. Wie Illham fortging. Wie sie ihm erzählten, dass Illham nie mehr wiederkommen würde, weil er ein Märtyrer geworden sei. Wie sich dieses Fenster immer mehr schloss, bis es eines Tages zu einer Mauer in Tawfiqs Innerem geworden war, auf der die ohnehin schon schwachen Bilder immer mehr verblassten.

Und dann jener Morgen, fast 40 Jahre später. Der Zug fährt ein wie jeden Morgen seit vielen Jahren. Einsteigen, sich zu den Freunden setzen. Rechts von ihm sitzen Illham, Fathullah und Barakat. Links von ihm Jafar. Zain und Abdul-Hadi sitzen ihm gegenüber.

„Mein Gott", lacht Tawfiq, „ihr seht noch genauso aus wie damals! Was ist nur aus euch geworden? Wo lebt ihr? Erzählt!"

Fathullah und Zain sind beide Ärzte geworden und leben in Philadelphia. Barakat lebt in Kabul, hat 5 Kinder und ist Installateur. Jafar wurde Imam und leitet eine Moschee in Berlin. Abdul-Hadi ist Lehrer. Illham kehrte nach Afghanistan zurück, lebt seitdem im Untergrund und kämpft gegen die Taliban.

„Und was machst Du so, Kleiner?", rufen die Jungs.
„Ich pendle jeden Morgen von Harlow nach London ..."

Palash Khan

Beggar. Tomb of Sufi Saint Khwaja Chishti in Ajmer, India

Der Stau

Indien

Jeff hetzte aus dem Hotel und sprang in das wartende Taxi. Er rief dem Fahrer „Airport!" zu, dann sank er auf die Rückbank. Ihn schüttelte ein heftiger Weinkrampf. Die entsetzten Blicke des jungen Mannes im Rückspiegel scherten ihn nicht. Er war am Ende. Er konnte nicht mehr. Wie digitale Schriftbänder, mehrere übereinander sortiert, zogen die Bilder der letzten 24 Stunden vor einer inneren Mauer ab. Die Mauer war grau und abgeblättert. Die Ankunft in Mumbai, direkt vom Flughafen in das Regierungsgebäude. Besprechungen, deren Sinnhaftigkeit er nach wenigen Minuten schon infrage zu stellen begann. Diskretes Flüstern einer Sekretärin in das Ohr des Ministers, dass die Zeit wohl um sei. Lächerliche Höflichkeitsfloskeln, die eigentlich meinten: „Verschwinde, deine Zeit ist um." Taxi, Fahrt zum nächsten Termin. Sich Worte und Sätze sagen hören, an die man selbst schon lange nicht mehr glaubt. „Verschwinde, deine Zeit ist um." Taxi ins Hotel. Ausziehen. Die Rolex ablegen. Eine Nachricht einer App, dass irgendein Termin in der kommenden Woche ansteht. Ein Piepen von der Überwachungskamera und Emma und die Kinder in abgehackten Bewegungen nach Hause kommen sehen. Essen auf das Zimmer bestellen, von dem man schon im Vorhinein weiß, dass es schlecht sein wird. Aber keine Kraft mehr haben, allein in einem Restaurant zu sitzen. Vor dem riesigen Fenster im 28. Stockwerk auf die Lichter der Großstadt schauen und sich so unfassbar einsam fühlen. Den Gedanken fortwischen, das Fenster zu zerschlagen, um sich aus ihm zu stürzen. Lächerliche 3 Sekunden und alles wäre vorbei. Alles wäre mit einem Mal so still. Keine Bewegungen mehr. Keine Schriftbänder mehr, die in rasender Geschwindigkeit über diese Mauer hinter seiner Stirn ablaufen. Eine Telefonnummer raussuchen, die das Rasen vertreiben soll. „In einer Stunde, o.k." Eigentlich nur in ihren Armen liegen wollen, aber das versteht das junge Ding nicht. „Kannst du nicht bleiben?" Nein, das kann sie nicht. Endlich, irgendwie, vom Schlaf erlöst. Am Morgen auf der Toilette sitzend die 37 E-Mails der letzten Nacht am Telefon lesen. Während die Haare trocknen, auf dem Laptop die wichtigen davon beantworten. Den Kontostand abfragen. Die Aktienkurse abfragen. Die 17 Prozent Gewinn seit vorgestern erzeugen kein Glücksgefühl mehr. Über der Mauer hinter der Stirn läuft nun, nicht von links nach rechts, sondern ganz massiv von oben nach unten in roter, blinkender Schrift „WARUM?" – „WOZU?". Noch ein kontrollierender Blick zurück auf die erwachende Stadt im riesengroßen Fenster, über das Bett, den Tisch, ins Bad – dann die Tür zuziehen. Im Spiegel im Lift einen Mann sehen, der nicht mehr der ist, der vor 20 Jahren in Liften fuhr und stolz auf sich war, dass man beim Betreten des Liftes nun nicht mehr den Knopf zu den unteren Etagen drücken musste, sondern auf dem Weg ganz nach oben war, dorthin, wo die Wichtigen saßen. Er sah im Spiegel einen Mann, der von ganz oben nach ganz unten unterwegs war. Er starrte auf den roten STOP-Knopf des Liftes, aber bevor er ihn drücken konnte, war der Lift angekommen.

„Sir, alles o.k.?", fragte der besorgte Fahrer, der alle Augenblicke im Rückspiegel kontrollierte, ob sein Fahrgast noch am Leben war.

„Ja, sorry, alles o.k. Harte Nacht, harte Tage. Tut mir leid."

Jeff schloss wieder seine Augen. Und sofort erschienen wieder die digitalen Schriftbänder, eigentlich Bildbänder, mehrere übereinander, von links nach rechts. Noch schneller, noch rasender. Die letzten Wochen, die letzten Monate. Dann wieder eines von oben nach unten, Bilder der letzten Jahre. Rolex, Villa, Porsche. Geld ohne Ende. Bilderbuchfrau. Bilderbuchkinder. Bilderbuchleben. Hoffnungsloser Versuch, das Bilderband zu stoppen, um sich ein paar der wunderschönen Bilder in Ruhe anzusehen, dem Gefühl des damals Erlebten nachzuhängen, sie zu genießen, sei es auch nur kurz. Aber es geht nicht. Jeff kann das Band nicht anhalten.

„Sorry, Sir. Wann geht Ihr Flugzeug? Wir stehen in einem Stau." Dazu der mitleidige Blick im Rückspiegel.

„Wir haben Zeit genug. Wenn wir nicht eine Stunde hier stehen." „Nein", lacht der Fahrer. „Wir werden höchstens 15 Minuten stehen!" Endlich stehen wir, denkt sich Jeff und …

Warum, wird sich Jeff viele Jahre danach fragen, warum kamen wir in diesen Stau? Warum blieben wir genau hier stehen und nicht einen Kilometer oder auch nur 100 Meter weiter vorne oder weiter hinten? Warum saß ich überhaupt in diesem Taxi? Warum hatte ich dieses Flugzeug gewählt und nicht eines am vorigen Abend?

Jeff starrt vor sich auf den Boden und versucht, die Bilderbänder, die immer schneller rasen, irgendwie abzustellen. Plötzlich klopft es an das Fenster. Er sieht hoch und sieht ein Bild. Ein einziges Bild, das aber augenblicklich seine Bilderbänder auf der Mauer stoppt. Er setzt sich hoch und starrt auf dieses Bild, das von einer solchen Schönheit ist, wie er sich nicht erinnern kann, es je zuvor gesehen zu haben.

Er hört den Fahrer etwas in seiner Sprache brüllen, wohl etwas, dieses Bild zu verscheuchen. Jeff unterbricht ihn mit einer aufgeregten Handbewegung, um den Mann und seine Verscheuchungsversuche zu stoppen, er will, kann dieses Bild nicht aufgeben, es verschwinden lassen, er will es festhalten, weil er plötzlich Unglaubliches zu verspüren vermeint: Jetzt, hier, in einem schäbigen Taxi, in einem verdammten Stau auf dem Weg zum Flughafen, könnte sich sein Leben ändern – mit diesem Bild, diesem Bild, das nichts als Stille und all das ausstrahlt, was verloren gegangen schien.

Später, als er sich an diesen Augenblick immer und immer wieder zu erinnern versuchte, an diese wenigen Sekunden, vielleicht waren es 10, vielleicht auch 100 gewesen, wird er meinen, als allererstes die Hand gesehen zu haben. Die Hand, die geklopft hatte, die ihn wachgerüttelt hatte, die um etwas bitten wollte und die ihm so viel gegeben haben wird. Wenn er später diesen Moment auf seiner Mauer aufrufen wird, wird stets ein Lächeln auf seinem Gesicht erscheinen, weil er diese Hand und ihre Geste von Gemälden, Statuen, von heiligen Handlungen wiedererkannte. Natürlich taucht sofort danach auch das Gesicht des Kindes auf, wie es ihn ansieht und diese seine Augen, diese unfassbaren Augen mit ihrer unerbittlichen Ehrlichkeit ihn fragen, was er meine, was des Menschen Ziele seien. Das war die Frage, die er sich stellte, als er für diesen einen Augenblick in diese Augen blickte. Und dann die Mutter mit diesem Lächeln. Das nichts forderte, das nichts anbot, das einfach nur da war, um seiner selbst willen. Er hatte dieses Lächeln schon unzählige Male in Abbildungen gesehen und sich jedes Mal gefragt, warum er es noch nie in seinem Alltag wahrgenommen hatte. Weil es dieses Lächeln nicht gab oder weil er es nie sehen hatte können? Und nun lag dieses Bild vor ihm, die ganze Szene nur getrennt durch ein Stück Glas.

Durch das Stillstehen wirkte auch dieses Bild wie eingefroren, da Jeff sich nicht rührte, rührten sich auch die Frau und das Kind nicht, alle drei starrten einander an, viel länger als es für solche Ereignisse üblich gewesen wäre.

Plötzlich fuhr das Auto an, nur ein paar Meter. Jeff wollte dem Fahrer schon befehlen, stehen zu bleiben, aber die Frau und das Kind rannten mit, sie blieben das Bild im Fenster. Bis zum nächsten Stopp. Keiner von den Dreien tat, was normalerweise zu tun gewesen wäre. Die Frau sollte eigentlich nochmals an das Fenster klopfen, sollte diese Hand, diese unglaubliche Hand vehementer zum Betteln einsetzen und Jeff sollte endlich in seine Tasche greifen, Geld herauszuholen. Aber nichts geschah. Es war irgendetwas geschehen, etwas Unaussprechliches, Transzendentes, das alle drei verharren, innehalten ließ in ihrem eingeübten Tun.

Wieder fuhr der Wagen ein Stück an und wieder wiederholte sich das Spiel. Wenn er sich zurückerinnerte, wusste Jeff, dass er diese Augenblicke einer völligen Einheit, einer von unbekannter Quelle empfangenen Botschaft, eines Blickes in das Auge des Lebenshurrikans nie zuvor mit einer solchen Intensität erlebt hatte.

Dann fuhr das Taxi an. „Gott sei Dank, wir haben es geschafft", sagte der Fahrer und beschleunigte. Jeff griff an das Glas, an dem die Regentropfen herunter perlten und drehte sich um, um im Rückfenster die beiden Figuren, die ihm nachblickten, langsam verschwinden zu sehen.

„Halt an! Stopp!", schrie er mit einem Mal den Fahrer an und öffnete gleichzeitig die Tür. Sprang noch aus dem rollenden Auto und rannte durch den Regen zurück an die Stelle, an der er die beiden zuletzt gesehen hatte. Es waren vielleicht 100, 200 Meter, so genau konnte er sich nicht erinnern, weil durch den Regen der Hintergrund des Bildes kaum zu erkennen gewesen war. Er rannte und rannte, sah auch auf die andere Straßenseite – aber die beiden waren verschwunden. Wie von Sinnen und, wie er sich später erinnern würde, völlig sinnlos, schrie er: „Hallo!", immer wieder „Hallo!" – aber niemand war auf der Straße zu sehen.

Inzwischen war der Fahrer angelaufen gekommen, verängstigt, was es mit diesem seltsamen Fahrgast auf sich habe. „Was ist los? Haben Sie etwas verloren?"

„Ja", nickte Jeff und wieder schüttelte ihn heftiges Weinen. „Wo sind die beiden? Ich habe ihnen doch nichts gegeben. Sie müssen doch etwas bekommen! Von diesem ganzen verdammten Scheiß hier!" Und Jeff riss sich seine Rolex vom Arm und warf sie in das Gras. Und zog seine Geldtasche hervor und warf alle Geldscheine, Kreditkarten zu Boden.

Angelockt durch das Geschrei kamen Männer aus den Häusern angelaufen und stürzten sich nun auf das Geld und die Karten. Der Fahrer brüllte sie an, sammelte alles ein, suchte nach der Uhr, fand sie auch und zog Jeff, der immer noch nach den beiden Gestalten Ausschau hielt, hinter ihm nach und schubste ihn ins Auto.

Als das Taxi am Flughafen angekommen war, sprach der Fahrer ein Gebet – es war die schlimmste Fahrt seiner bisherigen Karriere gewesen. Dachte er zumindest in diesem Moment. Als er Jeff die Tür aufhielt, stieg der aus und fiel ihm um den Hals. Umarmte ihn minutenlang. Dann holte Jeff seine Geldtasche hervor und gab dem Fahrer alles, was er mit sich trug, und es waren ein paar hundert Dollar. Er drückte ihm seine Uhr in die Hand, deren Wert ein paar tausend Dollar war. Als er fassungslos auf all das starrte, was da in seinen Händen lag, wusste der Fahrer, dass es nicht die schlimmste, aber die unglaublichste Fahrt seines Lebens gewesen war.

Und Jeff? Seine Familie, seine Freunde, seine Mitarbeiter sprachen von einem Wunder. Niemand verstand, was mit ihm geschehen war auf dieser Reise. Aber Jeff behielt dieses Bild, dieses unfassbare Bild, dieses sein Geheimnis in seinem Inneren, auf der Mauer hinter seiner Stirn, für immer für sich verborgen. Dieser Augenblick, der seine Rettung gewesen war. Der Stau, der seinen Weg anzuhalten imstande gewesen war. Die Frau und das Kind, denen er so gern gedankt hätte. Und es nun getan hat, indem er mir diese Geschichte erzählte, die ich für euch aufgeschrieben habe ...

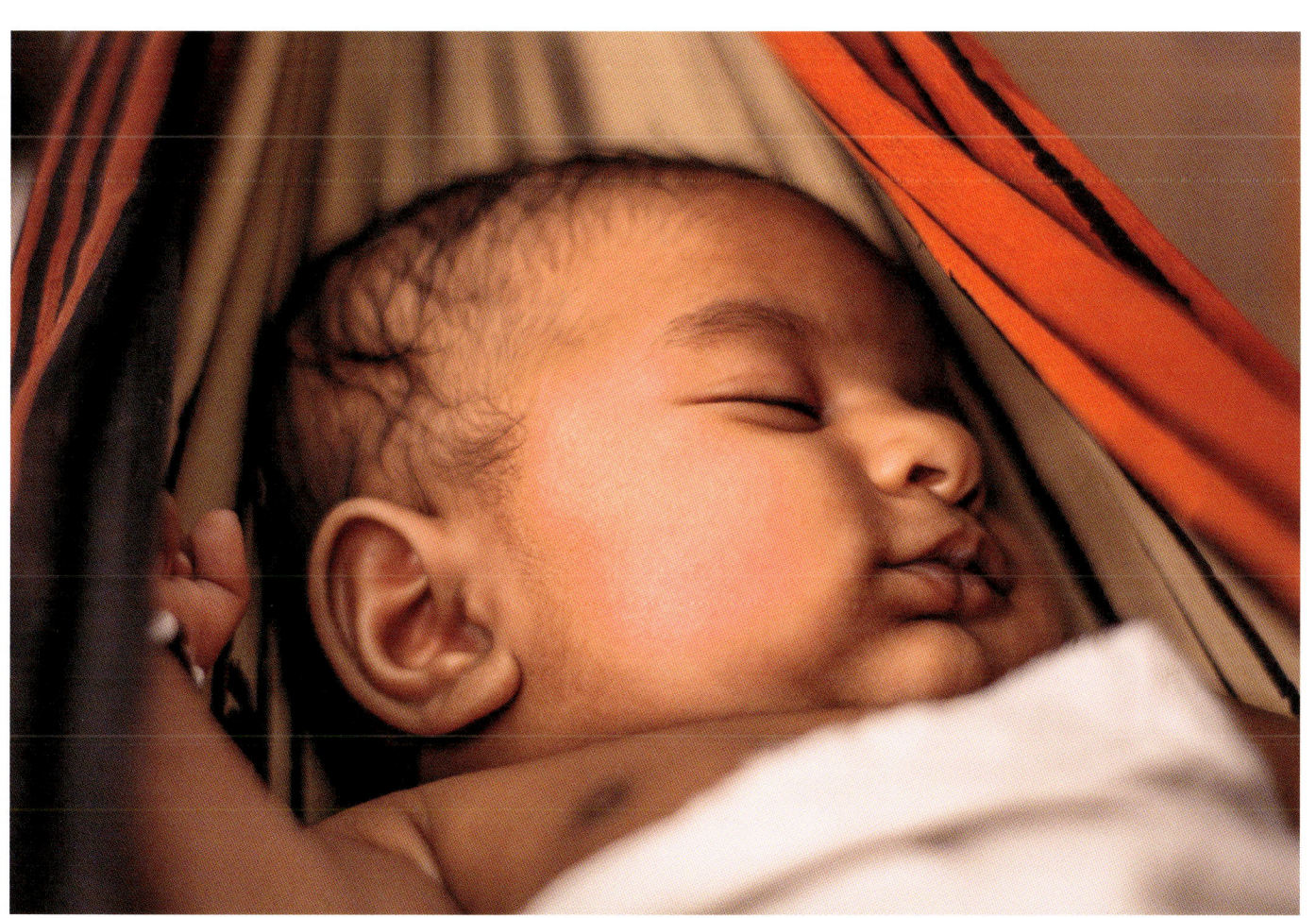

Lakshmi Prasad S
Sleeping in a cradle made of saree. India

Die Präsidentin

Malawi

In dem Augenblick, in dem Wunder passieren, ist man sich deren Tragweite, deren „Wunderheit" sehr oft nicht bewusst. Oft zeigt sich die ganze Reichweite unglaublicher Ereignisse erst in der Rückschau, wenn sich Puzzlesteine zueinander fügen …

Als die Ärzte der Frühgeburtenstation das Mädchen zur Welt brachten, konnte niemand ahnen, dass dieser Tag – vielleicht, möglicherweise, wer weiß – ein historischer werden würde. Ein Neugeborenes, das durch eine fantastische Geschichte dem Tod entrissen wird – dies allein ist schon „das Wunder"! Aber es würde sofort in das Gewohnheitsregal eingeordnet werden, weil Tag für Tag tausende und abertausende solcher „Wunder" geschehen, die nur für die Mütter, vielleicht noch die Väter und natürlich für die Überlebenden selbst kurz als ein solches erlebt werden, jedoch verblassen, sobald sie wieder eine vorgegebene Normalität erreicht haben.

Vielleicht also wirst du im Jahre 2058 in den Nachrichten folgende Meldung hören: „Heute wurde die erste Präsidentin der Vereinigten Staaten von Afrika vereidigt. In einem ersten Kommentar meinte

Miracle Mobunde, dass sie ..." Du wirst die restliche Meldung hören, du wirst interessiert sein, vielleicht glücklich, weil dies vielleicht bedeutsam für deinen Job ist – oder auch nicht. Aber du wirst keine Ahnung haben, dass du Miracle Mobunde schon einmal gesehen hattest ...

Deshalb schreibe ich diese Geschichte auf, damit du dich, 35 Jahre später, erinnern wirst, denn ich werde nicht mehr da sein, dir diese wunderbare Geschichte erzählen zu können ...

Natürlich geht die Geschichte der allerersten Präsidentin der neuen Nation um die ganze Welt. Natürlich wird auch ihre Mutter interviewt, was es denn mit diesem seltsamen Namen ihrer Tochter auf sich habe. Die 65-Jährige erzählt, es muss wohl eine besondere Hand des Himmels gewesen sein, die ihre Tochter dorthin, wo sie nun ist, geführt habe. Denn ihr Leben hatte nicht an einem seidenen, sondern an einem fast unsichtbaren Faden gehangen. Sie lebte in einem winzigen Dorf. Als sie im sechsten Monat schwanger war, bekam sie Wehen. Der Nachbar brachte sie auf einem Motorrad in das nächstgelegene Krankenhaus, wo sie gerade noch rechtzeitig ankamen, um das Kind nicht auf der Straße auf die Welt bringen zu müssen. Es war nur 800 Gramm schwer. Es war dem sicheren Tod geweiht, da oft die so viel zu früh Geborenen auf die Seite gelegt und ihrem eigenen Schicksal überlassen wurden. Aber das Kind, weniger groß und weniger schwer als ein Laib Brot, lebte – es hing an jenem unsichtbaren Faden, den der Himmel gelegt, weil er mit ihm anscheinend etwas vorhatte. Und nicht nur das: Nur wenige Wochen zuvor war in das Spital eine junge Kinderärztin aus Europa gekommen, eine Spezialistin für Frühgeborene, die den Lebenswillen dieses Babys erkannte und nun Tag und Nacht um sein Leben zu kämpfen begann. Den Unmut der anderen Ärzte und des Personals schon auf sich zog, weil sie sich so um dieses Kind bemühte, so als wolle sie zeigen, dass jedes Leben, und hinge es an noch so unsichtbaren Fäden, wert wäre, es dem Tod zu entreißen. Und nach acht Wochen hatte sie es tatsächlich geschafft!

„Ich konnte", erzählte die alte Frau, auch noch nach so vielen Jahren mit Tränen in den Augen, „ich konnte mit meiner Tochter nach Hause gehen. Ich bat die Ärztin, ihr einen Namen zu geben, es war auf irgendeine Weise ja auch zu IHREM Kind geworden. Und sie nannte es Miracle. Und sie erklärte mir, was dieses Wort in meiner Sprache bedeute … Ich umarmte sie und ging nach Hause. In mein kleines Dorf, in dem Miracle aufwuchs."

Die Redakteurin, die das Interview mit der Mutter der Präsidentin führte, war von dieser Geschichte, sollte sie wahr und nicht nur ein PR-Gag sein, fasziniert. Sie machte sich auf den Weg zum Spital. Sie durchwühlte Tage und Wochen alle noch auffindbaren Unterlagen des Jahres 2017. Die Liste mit den Geburten, die Liste der Ärzte und Schwestern. Dann fand sie es: Miracle, geboren am 7. Februar 2017. Sie fand sogar den Namen der behandelnden Ärztin, die sie zur Welt gebracht und vor dem sicheren Tod gerettet hatte. Aus den Unterlagen ging hervor, dass die damals 31-Jährige drei Monate unbezahlten Urlaub von ihrer Klinik in Berlin genommen hatte, um hierher zu kommen. War sie gekommen, um den fast unsichtbaren Faden der ersten Präsidentin der Vereinigten Staaten von Afrika zu einem sichtbaren zu machen? Die Redakteurin machte sich auf die Spur. Sie fand die Ärztin in Österreich, sie war 72 Jahre alt. Sie erzählte ihr die Geschichte, die sie von der Mutter der Präsidentin gehört hatte. Mit einem Lächeln verschwand die alte Dame in einem Zimmer und kam nach einiger Zeit mit einem Fotobuch zurück. Sie schlug es auf, blätterte kurz darin. Und zeigte zwei Fotos: Das eine zeigte ein Neugeborenes, so unfassbar winzig, dass man genau hinsehen musste, um zu sehen, dass dies ein lebendiges Kind war. Und auf dem zweiten sah man ein Menschenkind, noch immer viel kleiner und viel leichter als ein Laib Brot.

„Ich habe auch etwas für Sie", sagte die Redakteurin und holte aus ihrer Tasche ein Foto hervor. „Kennen Sie dieses Foto?"

„Das ist ja Miracle!", rief die Ärztin und legte es neben das, das sie vor 41 Jahren mit ihrem Telefon gemacht hatte. Und konnte nicht fassen, dass ein Bild IHRES Babys, schon damals, 2023 um die Welt gegangen war ...

Übrigens: Die Ärztin wurde von Präsidentin Miracle zur großen Inaugurationsfeier persönlich eingeladen!

Yanko Dimitrov
Homeless boy. Burgas, Bulgaria

Der Junge, der wusste, was er wollte

Bulgarien

Ich heiße Djako. Du kannst mich Jack nennen. Ich besuche die Sevenoaks School in Kent, 4. Klasse der Sekundarstufe. Das Schuldgeld beträgt 21.500 Pfund jährlich. Ich bin ein sehr guter Schüler. Ich werde Biologie studieren. Für Musik, Literatur und Kunst interessiere ich mich auch, weil dies an meiner Schule sehr gefördert wird – akademisches Denken und Kreativität. Beides existiert hier gleichwertig nebeneinander. Diese Ausgewogenheit bereichert meine Studien ungemein. Ich würde gerne in die Forschung gehen, vielleicht gebe ich Geigenkonzerte und schreibe nebenbei Bücher. Mein Lieblingsfilm ist „Eine Taube sitzt auf einem Ast und denkt über das Leben nach" von Roy Andersson. Ich bewundere seine Filme. Seine Bilder haben etwas von surrealen Gemälden. Marquez ist mein Lieblingsschriftsteller, aber ich mag auch Jelinek. Ihre wortgewaltige Darstellung der Überwindung sozialer und genderassoziierter Klischees beeindruckt mich immer wieder. Meine Lehrer haben mich der abendländischen Kultur nähergebracht. Dem Genie Mozart, der mich sehr inspiriert, aber auch Philip Glass und durchaus auch Populärmusik wie jener von Ludovico Enaudi oder Coldplay. Ich spiele auch Fußball und Tennis. Mädchen interessieren mich nicht. Meine Freunde sagen: NOCH nicht. Wir werden sehen.

Ich bin im Internat, weil meine Eltern weit weg wohnen. Dies bietet mir die Möglichkeit, viele unterschiedliche Jungen und Mädchen aus der ganzen Welt kennenzulernen. Ihre Kulturen, ihre Denkweisen und auch deren unterschiedlichen Glauben. Ich finde es sehr wichtig, der Enge religiöser und soziokultureller Erziehung zu entfliehen und sich weltoffener Sichtweisen zuzuwenden. Nur so können wir Toleranz leben. Wobei mir mein Leben in Sevenoaks, mit Mitschülern und Mitschülerinnen aus über 30 Nationen, täglich beweist, dass Toleranz wichtig ist, aber auch Grenzen aufzuzeigen hat. Zu lernen, Fremdes, Anderes zu akzeptieren, ohne seine eigenen Überzeugungen und Auffassungen beschneiden oder gar aufgeben zu müssen. Nur so können wir uns alle auf Augenhöhe begegnen. Niemand fühlt sich hier an unserer Schule besser nur aufgrund seiner Herkunft, seines Namens oder des gesellschaftlichen Status seiner Eltern. Hier zählt nur man selbst. Seine Persönlichkeit und seine Fähigkeit des Umgangs mit anderen. Soziale Kompetenz, sagen unsere Lehrer, ist das höchste Gut und steht über allem Wissen, das wir uns hier aneignen. Ich weiß heute – und dies ist eine meiner wesentlichsten Erkenntnisse meiner bisherigen Jahre hier an der Schule –, dass alle durch Studium angeeignete Geisteskraft, alle durch intensive Übung errungenen Fähigkeiten, sei es das Geigenspiel, das Malen, sei es Sportlichkeit, nur dann zur Anwendung, zu einem positiven Einsatz gelangen können, wenn all dies in Einklang gebracht werden kann mit einem Gegenüber. So wie das gesprochene Wort nur dann zu seinem Ziel, dem Verstehen, kommt, wenn es auf ein Ohr trifft, das bereit ist zuzuhören. Genauso erreichen die Leistungen des Einzelnen nur dann ihr Ziel, wenn all dessen Bemühungen stets Höhergestelltes, Übergeordnetes zu erreichen versucht. Ich werde danach trachten und alles dafür geben, dass meine zukünftigen Forschungen dazu beitragen werden, die Probleme unserer Welt, geschaffen durch zu egozentriertes Denken und Handeln, zu lösen. Und nicht, um meinen eigenen Reichtum zu mehren oder einen gesellschaftlichen Status zu erringen. Ich spiele eine Sonate oder male ein Bild, um mich dadurch loszulösen von allem irdisch Beschwerlichem, Materiellem, Rationalem – aber nicht um seiner selbst willen, sondern um den Geist zu öffnen, andere Dimensionen der Weltenschau zu erklimmen. Ich sehe dies auch als eine Form der Solidarität mit jenen, die nicht über diese Privilegien verfügen. An sie denke ich, wenn meine Bemühungen an Grenzen stoßen, wenn ich knapp davor bin aufzugeben, aber dann doch alle Energie aufwende, das Vorgenommene zu erreichen. Sie, die in Hütten in Dörfern weitab allen Fortschritts ihr Leben fristen müssen, habe ich vor meinem geistigen Auge, wenn ich studiere, wenn ich übe, wenn ich mich fordere, nicht aufgeben. Ihr Streben nach Glück, und „Glück" bedeutet blankes Überleben, das Überwinden des Hungers und das Entkommen vor Terror, ist auch Teil meines Strebens. Denn wie kann ich Glück und Zufriedenheit empfinden, wenn ich nicht mit allem mir zur Verfügung Stehenden versuche, mein Privileg mit ihnen zu teilen – und sei es nur, dass ich sie, denen das Schicksal einen anderen Weg zugeteilt hat, stets in all meinen Gedanken, die mich vorwärtsstreben lassen, mit einschließe.

Wie oft sehe ich den Jungen mit dem alten Musikinstrument in der Hand auf der Straße stehen. Er erzählt mir von seinem Spiel am Straßenrand, vom Wegsehen der Menschen, von den paar Münzen, die ihn am Leben erhalten. Er erzählt vom kilometerlangen Marsch in die Schule, die er nur dann besuchen kann, wenn sein Vater es ihm erlaubt, anstatt für ihn harte Arbeit verrichten zu müssen. Er sieht mich an und fragt mich, warum nicht er im Chemielabor von Sevenoaks steht. Und ich weiß nicht, was ich ihm antworten soll. Manchmal hört er mir beim Geigenspiel zu und dann reden wir über Musik. Wenn ich unter der Dusche stehe, kommt er und will dieses Wunder auch erleben. Wenn ich schlafe, will er auf meine Matratze und unter meine Decke kommen, weil er dieses Gefühl der Weichheit und Wärme doch nicht kennt. Manchmal, wenn ich mit meinen Kollegen die Komplexität mathematischer oder philosophischer Probleme diskutiere, erscheint er, um mir mit seinem Blick, nur mit seinem Dasein, zu helfen, Antworten zu finden. Denn oft relativieren seine „Antworten" meine Fragen und erinnern mich an das Einfache, dem wir als letzte Konsequenz stets zu folgen haben. In solchen Momenten, wenn ich ihn einlade, mit mir gemeinsam unter der 500 Jahre alten Eiche im Hof von Sevenoaks zu sitzen, fühle ich mich ihm so nahe, diesem Roma-Jungen aus Bulgarien.

„Ich möchte bei dir sein", sage ich zu ihm. „Nein", sagt er, „du gehst deinen Weg auch für mich. Wer sollte sich um meine Geschwister, um meine Eltern und den räudigen Hund kümmern, würden wir beide in Kent, in Sevenoaks, sein. Du wurdest auserwählt, für mich, für alle wie mich, einen Weg zu bereiten. Nur durch Menschen, wie du einer bist, wird sich die Welt zu einer besseren wenden." „Ich danke dir", sage ich zu ihm, „denn ohne dich gäbe es für mich keine Perspektive.

Du, dein unerschrockener Blick, dein unbeugsamer Wille, deine unerschütterliche Überzeugung, aller Unbill des Lebens Paroli zu bieten, gibt mir die Kraft, ebenso unerschrocken, unbeugsam und unerschütterlich vorwärtszuschreiten. Und wer weiß, vielleicht werden wir beide uns eines Tages in den Armen liegen ..."

Tuul & Bruno Morandi
Young boys. Todos Santos de Cuchumatan, Guatemala

Die Gang

Guatemala

Selma in Berlin war empört über das Foto des Jungen, der ein Gewehr im Anschlag hält. „Und das nächste Foto zeigt uns dann vielleicht auch noch, wie sich der verzweifelte Junge eine Kugel in den Schädel jagt." Wahrscheinlich, so meinte Selma weiter, hätte er gerade Furchtbares erlebt. Hatte er vielleicht mitansehen müssen, wie seine Mutter vergewaltigt worden war? Oder der Vater, Bandenmitglied der Drogenmafia, vor seinen Augen erschossen wurde? Vielleicht war er vor den Beamten des Jugendamtes geflohen, die ihn seinen Eltern entrissen und in ein Heim hatten bringen wollen. In Panik hatte er das Gewehr aus dem Kasten seines Vaters geholt und war hinaus auf den Spielplatz gestürzt. „Was für ein abstoßendes Foto!", und Selma hatte sich voller Ekel abgewandt.

Für Pietro in Rom war klar, dass der Junge schwer traumatisiert von Kriegserlebnissen war. Wahrscheinlich hatte er die Hinrichtung eines Menschen mitansehen müssen, der Vierjährige, der doch in den Armen seiner Mutter oder seines Vaters liegen, der doch ein Märchen vorgelesen bekommen und im Kindergarten die ersten Buchstaben lernen sollte. Wahrscheinlich hatte der Hingerichtete um sein Leben gefleht, geweint, er sei unschuldig, man solle ihn doch verschonen. Dann war nur noch ein lauter Knall zu hören gewesen und das Kind war völlig verstört davongelaufen. Irgendwo auf einer Wiese hatte er das Gewehr gefunden und als seine Freunde fragten, was er denn da habe, hätte er es ihnen stolz gezeigt.

Jennifer in New York brach in Tränen aus. Sie konnte diesen Anblick kaum ertragen. Ein Kind der Favelas Rios, der Müllhalden Kairos, der Slums von Manila. Verdreckt, hungrig, sicher nie geliebt und umarmt. In seinem Blick spiegelte sich das gesamte Leid nicht nur der Kinder dieser Welt, nein, der gesamten Menschheit wider. Was muss ein Junge wie er erlebt haben, dass er beschließt, seinem jungen, unschuldigen Leben ein Ende setzen zu wollen? Und wie ist es möglich, dass man diesen Augenblick festhalten will, anstatt unverzüglich einzugreifen, bevor es möglicherweise zu spät sei.

„Der Junge, trotz seines so geringen Alters, weiß genau, was er tut", sagt Dr. Joshua Weinstein vom Lehrstuhl für Kinder- und Jugendpsychiatrie der Universität Tel Aviv. „Sehen Sie, wie geradezu professionell er die Waffe hält. Das muss er dutzende Male gesehen haben, vielleicht wurde es ihm vorgeführt, ja gelehrt. Und sein Blick: Er ist geradewegs auf den Betrachter gerichtet und will ihm damit Entschlossenheit signalisieren. Auch sein Mund lässt keinerlei Unsicherheit vermuten – Angst und Wankelmut würden die Lippen öffnen, sie eher nach unten ziehen, als würde ihnen gleich ein Schrei entfahren. Sein Ausdruck ist keiner der Trauer oder eines Entsetzens, eher sind sie einem Trotz entsprungen, einem unter keinen Umständen Nachgeben-Wollen. Vielleicht sind sie, neben der Geste des Besitzens einer Waffe, der letzte Versuch, den Adressaten der Szene, wer immer dies sein mag, zu dem zu zwingen, was der Junge fordert."

Jilemo hatte lautes Geschrei und Rufen gehört. Er war sofort vom Essen aufgesprungen und, ohne auf das Schimpfen seiner Mutter zu hören, zum Fenster gerannt. Hatte sich blitzschnell die Fensterbank hochgezogen – „Bist du völlig verrückt, Jilo!", hatte seine Mutter gerufen und war aufgesprungen –, hatte die Gang gesehen, die gerade den Spielplatz erobert hatte und war – bevor seine Mutter ihn festhalten konnte – schon zur Türe hinausgelaufen. „Du bringst mich noch um, Jilemo!", rief sie ihm nach. „Das werde ich alles deinem Vater erzählen, der wird dich totprügeln!"

Die Gang, das waren vier Jungs: Bertito war der Älteste, neun Jahre alt und der Sohn des Anführers des Viertels. Also war natürlich auch er der Boss der Truppe. Jamit war acht Jahre und wurde der Professor genannt, weil er als Einziger alles lesen, alles schreiben und alles rechnen konnte. Maniol war fünf Jahre alt und hatte nur noch ein Auge. Das andere war ihm bei einem Raufhandel mit einem Mädchen ausgestochen worden. Sein großer Bruder Juan hatte ihm eine Zuckerstange versprochen, wenn er einem Mädchen vor versammelter Mannschaft den Rock herunterziehen würde. Sie hatte gerade eine Schere in der Hand, fuhr im Schreck herum und landete damit unglücklicherweise genau im Auge des kleinen Burschen.

Und dann war da Jilemo. Er war Mitglied der Gang, weil er trotz seiner nur vier Jahre einen unglaublichen Willen gepaart mit einer geradezu unglaublichen Unerschrockenheit hatte. Alle Aufgaben, die die Gang im Rahmen ihrer Daseinsberechtigung zu erfüllen hatte – Mädchen auflauern und erschrecken, ihnen die Unterhose herunterziehen, festhalten und küssen, kleinen Kindern das Essen wegnehmen und in Büsche schubsen, an frech gewordenen Erwachsenen Rache nehmen wie Luft aus Fahrrädern lassen, Autospiegel abbrechen und Türschlösser mit alten Kaugummis verkleben –, all diese Herausforderungen wurden gemeinsam vollbracht, aber wenn es mal knifflig und kompliziert wurde, dann gab es Jilemo. Er wurde instruiert und losgeschickt. Seine Erfolgsquote betrug nahezu 100 Prozent, weil man diesem kleinen, süßen Monster Gemeinheiten, Hinterhältigkeiten und Grobheiten einfach nicht zutraute.

An jenem Mittag als Jilemo trotz der Drohungen seiner Mutter aus dem Haus gestürmt war, stand die Gang in einem Kreis am Spielplatz. Bertito balancierte etwas in der Hand, das das laute Gejohle hervorgerufen hatte. „Hat mir mein Vater geschenkt. Damit du auch mal ein richtiger Bandit wirst, hat er gesagt!" Dann hielt er das Gewehr in die Höhe, genauso wie er es bei den Großen gesehen hatte.

Die anderen starrten ehrfürchtig auf die Waffe, die durch die Schmächtigkeit des kleinen Jungen noch furchterregender wirkte. „Wollt ihr mal?", und der Boss legte mit einer großzügigen Geste das Gewehr in Jamids kleine Hände – als wäre es eine heilige Handlung, als wäre es eine Hostie. Mit aufgerissenen Augen und offenem Mund starrte der auf das Allerheiligste, das da auf seinen Fingern lag, und wagte kaum zu atmen, geschweige denn, es zu berühren. Dann reichte er es weiter an Maniol, der das Ding mit seiner rechten Hand packte und es – wie er es offensichtlich schon sehr oft gesehen hatte – in die richtige Position brachte, wie ein echter Pistolero ansetzte und gleich mal alle seine Freunde ins Visier nahm.

Bei jedem drückte er imaginär ab, indem er das entsprechende Geräusch „Bumm – Bumm – Bumm" dazu nachmachte. Dann lief er mit dem Gewehr eine Runde am Spielplatz, hielt es dabei in die Höhe und durchsiebte lautstark die Luft. Jetzt wäre Jilemo an der Reihe gewesen. Aber aufgestachelt durch diese ganze halbstarke Szene, grinste Bertito plötzlich hinterhältig und rief: „Maniol, gib es mir wieder! Unser Baby ist noch zu klein für so ein gefährliches Ding. Außer er will es auch unbedingt mal halten, dann muss er es sich aber holen!" Und damit begann das grausame Spiel: Das Gewehr wurde von einem zum anderen geworfen und Jilemo jagte hinter ihm her, natürlich immer gerade eine

Sekunde zu spät kommend, es zu ergreifen. Die Jungs wurden immer wilder in ihrem Spiel, je zorniger und wütender der Kleine wurde – denn jeder wusste, dass Jilemo niemals aufgeben und er den ganzen Tag zwischen ihnen hin und her und in die Höhe springen würde. Nach einer halben Ewigkeit des Neckens ließ Maniol, der mit dem einen Auge, das Gewehr fallen und Jilemo warf sich auf es. „Ihr Hunde, ihr gemeinen Idioten!" Die anderen konnten sich kaum einkriegen vor Lachen.

Er rappelte sich hoch und lief weg von ihnen und lehnte sich an einen Wagen, der am Rande des Spielplatzes geparkt war. Wütend nahm er stolz den Traum aller Jungen in die Hand und betrachtete ihn ehrfürchtig von allen Seiten. „Na, Jilo, weißt du auch, was man damit macht!?", rief der Boss. „Klar, ihr Dummköpfe", schniefte der Kleine und zielte damit auf seine Gang, die ihn so geärgert hatte ...

Nacho Giralt
Tojo. Morondava, Madagascar

Der Junge, der vielleicht ein Engel war

Madagaskar

Der Kaffeebauer hatte seinen Lastwagen am Rand einer Siedlung in San Juan Chamelco abgestellt. Hatte einige Säcke von der Ladefläche geworfen und sie zum Markt getragen. Für ihn sollte es ein normaler Donnerstag werden, wie jede Woche, jeden Monat, jedes Jahr seines Lebens, wenn er hierher kam, seine Kaffeebohnen zu verkaufen. Natürlich dachte er nicht daran, dass zur selben Sekunde, als er sich den ersten Sack auf den Rücken wuchtete, in Shanghai, New York und Mitterlabill ebensolche Dinge passieren wie in San Juan Chamelco. Niemand denkt an so etwas, auch nicht Professor Liu Chang, Deborrah an ihrer Supermarktkassa bei Macy's und Malermeister Platzer, der seinen Lieferwagen mit Farbe belädt. Sie tun es nicht, weil ein jeder mit sich selbst und seinem Tun und Handeln beschäftigt ist. Anders aber verhält es sich, wenn ein Tun und Handeln, unbemerkt von unserem Kaffeebauern, auf der anderen Seite seines Lastwagens im Gange ist. Etwas, was die Aufmerksamkeit von Millionen von Menschen erregen wird, etwas, worüber man in Shanghai, New York, ja selbst in Mitterlabill und noch an unzähligen anderen Orten diskutieren würde. Etwas, worüber Selma, Jessica und Joshua ihre Meinung abgeben würden. Und etwas, worüber sogar Gott himself staunen wird, was ihm da in seiner unerschöpflichen Kraft eingefallen war …

Im selben Augenblick, als sich der Kaffeebauer gerade mit dem zweiten Sack abmühte, hatte sich Jilemo, verärgert wegen des dummen Spiels der Gang, auf der gegenüberliegenden Seite an die Ladebordwand gestellt und das Gewehr, das er endlich in der Hand hielt, in Stellung gebracht. 15 Schritte vom Lastwagen entfernt lud der Bauer den Sack an seinem Platz ab.

In diesem Augenblick wurde der Auslöser einer Kamera gedrückt und es wurde ein Bild festgehalten, über das in Stockholm, New York und Jerusalem Jahre später diskutiert werden sollte. Weder der Markt, noch der Bauer, der in exakt diesem Moment den dritten Sack von der Ladefläche wuchtete, waren auf dem Bild zu sehen gewesen. Nun könnte man berechtigterweise sagen, dies sei logisch, aber in Wirklichkeit waren sie da, existierten, waren nur unsichtbar durch die Ladebordwand.

Warum dies erzählt wird, obwohl es selbstverständlich erscheint, dass ein Foto eben nur den gewählten Ausschnitt zu zeigen imstande ist, und nicht auch all das, was dahinter, darüber und darunter vorhanden ist? Weil das Foto von Jilemo ein Geheimnis in sich birgt, von dem nie jemand etwas erfahren hätte – gäbe es diese Geschichte nicht.

Dieses Foto, das die halbe Welt kennt, ist eines einer ganzen Serie. Die anderen zeigen den gesamten Lastwagen mit seiner leeren Fahrerkabine, andere nur Jilemo in Großaufnahme mit den Holzbrettern. Nirgendwo ist unser Kaffeebauer zu sehen, auch seine Fracht und auch der Markt nicht.

Sechs Jahre später entstand im Zuge einer Madagaskarreise auch eine Fotostrecke über Kaffeebauern. Bei der Auswahl der Bilder von einer Plantage fiel ein Foto auf, weil es in keinster Weise zur Fotostrecke passte. Die Fotografin und ihre Assistenten hatten keine Erklärung dafür. Eine Mitarbeiterin lachte: Das Foto hätte sich wohl in der Kamera festgehalten und einen passenden Moment gesucht, nun wie aus dem Nichts aufzutauchen. Dann war man aber zu beschäftigt gewesen, sich des Rätsels anzunehmen, und das Foto war vergessen. Aber nur kurz, denn spät nachts, kurz bevor sie zu Bett gehen wollte, poppte etwas in der Erinnerung der Fotografin auf und ließ sie nicht mehr los. Sie öffnete noch einmal den Computer und suchte nach dem Bild, das man unter „Extras" abgelegt hatte. Lange starrte sie darauf, aber konnte sich keinen Reim darauf machen. Ja, vielmehr noch, sie konnte sich nicht erinnern, dieses Foto mit diesem außergewöhnlichen Jungen je gemacht zu haben. Alle Menschen, die die Fotostrecke zeigte, waren dunkelhäutig, hatten schwarze Haare. Dieses Gesicht jedoch war ihr völlig fremd, obwohl gerade ihr ein solches Lachen des Jungen in Erinnerung geblieben wäre – wie fast jedes Foto, das sie gemacht hatte.

Schon eine Stunde saß sie da und sah dem Kind in die Augen, nun konnte sie nicht mehr aufgeben, musste dieses Rätsel lösen, es ließ sie nicht mehr los. Bis sie plötzlich aufschrie, zum Regal mit ihren Büchern lief und voller Erregung eines suchte, es endlich fand und hervorholte. Hastig blätterte sie darin, bis sie fand, was sie gesucht, was sie geahnt hatte. Da war es, das Bild des Jungen mit dem Gewehr, gelehnt an eine hölzerne Ladebordwand. Und links seines Körpers war ein Stück der Fahrerkabine zu sehen. Die Fotografin lief zurück zum Computer und hielt das gedruckte Foto neben das am Bildschirm. Es musste sich um denselben Lastwagen handeln – da war sie sich zu 99,9 Prozent sicher! Es brauchte keine zehn Minuten, da hatte sie in ihrem Archiv den Ordner mit den Bildern der Fotostrecke damals vor 6 Jahren in Guatemala gefunden. Und Augenblicke später lagen alle Fotos von damals, die den Ausschnitt mit der Gesamtansicht des Lastwagens zeigten, auf dem Bildschirm. Langsam scrollte sie bis zum Ende. Auf allen Fotos war die Fahrerkabine leer! Und es bestand kein Zweifel, dass es sich um denselben Lastwagen handelte. Wie also kam der blonde Junge mit den braunen Augen in den Lastwagen? Und wie die beiden, Kind und Auto, in eine Fotostrecke mit fortlaufender Nummer, aufgenommen sechs Jahre später in einem anderen Land?

Diese Nacht konnte die Fotografin nicht schlafen, so aufgewühlt war sie von dieser Entdeckung, von diesem Unerklärlichen, ja Magischem. Es schnürte ihren Atem ab, weil es ihr auf noch nie gekannte Art Angst einjagte.

Am nächsten Morgen erzählte sie ihrem Team nichts davon. Sie musste damit zuerst selbst zurechtkommen. Die kommenden Tage, ja Wochen waren ausgefüllt mit Gedanken an dieses Foto. Immer wieder sah sie in die Augen des Jungen und nach einiger Zeit war es ihr, als würde dieser zu ihr sprechen, als würde sein Blick sie auffordern, nicht aufzugeben, sich auf die Suche nach ihm zu machen. Nach dem, was jeder Logik, jeglicher Wirklichkeit widersprach. Und wirklich: Eineinhalb Monate nach dem ersten Auftauchen des Fotos saß die Fotografin im Flugzeug nach Guatemala. Nach fünf Stunden Autofahrt erreichte sie San Juan Chamelco. Sofort konnte sie sich wieder an alle Details erinnern. Sie fand sofort die Siedlung in der Nähe des Marktes, dort wo der Lastwagen damals abgestellt gewesen war. Sie zeigte den ersten Bewohnern, auf die sie traf, zuerst das Foto des Jungen mit dem Gewehr. Die kreischten auf, schlugen sich die Hände vors Gesicht, lachten und riefen: „Jilo!“ Dann kam der Junge von damals gelaufen, 10 Jahre war er alt, sah aber aus, als wäre er schon erwachsen. Schweigend besah er sich das Foto und als die Erinnerung langsam herankam, ballte er seine Fäuste und ließ lachend eine Schimpfkanonade auf seine Freunde, auf seine Gang los. Sofort tauchten alle aus allen möglichen Winkeln auf: Bertito, Jamit, Maniol. Die Gang! Sie waren allesamt keine Kinder mehr.

Inzwischen war die Fotografin umringt von allen Bewohnern der Siedlung, alle wollten das Foto sehen und was es damit auf sich hat. Jilemo war ungemein stolz, als er hörte, dass die halbe Welt ihn kennen würde. Wenn auch mit einem solchen Gesicht – das Gewehr neben ihm fand er großartig.

„Ich bin auf der Suche nach einem anderen Jungen", sagte die Fotografin und zog das Foto des blonden Kindes aus ihrer Tasche. Es wurde von einer Hand zur anderen gereicht. Jeder hatte einen Kommentar dazu: „Hübscher Junge!", „Sieht aus wie ein Gringo!", „Von hier ist der nicht!" Bis das Foto bei einer alten Frau hängen blieb, sie es nicht weitergab und mit zugekniffenen Augen darauf starrte. „Was, Mira? Was schaust du da so lange? Erinnerst du dich an was?"

„Gab es da nicht diese Geschichte, vor vielen Jahren?", sagte sie endlich. „Der sieht aus wie der Junge des Kaffeebauern. Der hatte doch eine Weiße geheiratet, doch dann war sie eines Tages fort gewesen. Sie hatte den Jungen mitgenommen und der Vater ist fast gestorben vor Gram und Sehnsucht nach seinem Sohn."

„Weißt du, wie der Bauer heißt?"

„Klar, er kommt ja jeden Donnerstag zum Markt mit seinem Lastwagen." Und nun wussten alle, von wem sie sprach, der Lastwagen war allen ein Begriff.

Am nächsten Morgen stand die Fotografin auf dem Hof des Kaffeebauern. Neben dem Wohnhaus parkte der uralte Lastwagen, der sie seit Wochen bei Tag und Nacht verfolgt hatte. Dann kam der Bauer und fragte, was sie hier wolle – es war von der ersten Begegnung an klar, dass er ein Problem mit Weißen haben musste.

Die Fotografin versuchte in wenigen Worten zu erklären, warum sie hier sei. Von dem Foto, von dem sie sich nicht erklären kann, wie es zustande gekommen ist. Und dass sie hoffe, dass er ihr helfen könne, das Rätsel zu lösen.

Dann zeigte sie ihm das Foto des Jungen mit den blonden Haaren und den braunen Augen. Es ist schwer zu beschreiben, was nun passierte: Dem Bauern, einem großen, kräftigen Mann, schien schlagartig jegliches Blut aus dem Gesicht zu weichen, er sackte, das Foto mit beiden Händen haltend, auf seine Knie und begann mit einem Klagen, wie die Fotografin es noch nie, schon gar nicht von einem Mann, gehört hatte. Eine halbe Ewigkeit schien das so zu gehen, dann endlich schien er sich langsam zu fassen. Noch auf den Knien sah er, nun ganz sanft, zu der Fotografin hoch und mit schwacher, flehentlicher Stimme fragte er, wann sie dieses Foto gemacht hätte. Die Kamera hatte das Datum und die Uhrzeit aufgezeichnet, deshalb wusste sie es genau: Wenige Minuten, nachdem das Bild des Jungen mit dem Gewehr gemacht worden war. An einem Donnerstag, vor 6 Jahren. Der Bauer starrte wieder auf das Foto, schüttelte dabei den Kopf und murmelte: „Das gibt es nicht. Das kann nicht sein."

Die Fotografin kniete sich neben den völlig aufgelösten Mann.

„Warum? Warum kann es nicht sein?"

„Wenn es stimmt, was du sagst, hast du dieses Foto 2004 gemacht. Aber Mano wurde mir in diesem Jahr von seiner Mutter weggenommen. Sie sind nach Madagaskar gezogen. Und seitdem habe ich ihn nie mehr wiedergesehen. Kein Lebenszeichen von ihm gehört."

„Wie alt war Mano damals?"

„Knapp zwei Jahre alt."

„So muss er auf diesem Foto 8 Jahre alt sein", rechnete die Fotografin.

„Aber wie kommt er in meinen Lastwagen? Hier in San Juan Chamelco?"

„Ich weiß es nicht. Ich weiß es wirklich nicht. Aber ich verspreche, es herauszufinden ..."

Nun, ganz zu Beginn haben wir gehört, dass Gott himself seine Hand im Spiel hatte – so lassen wir ihn sein unerschöpfliches Werk tun und hinterfragen nicht, welch wundersame Dinge sich hinter, oben, unten, links und rechts eines kleinen Bildausschnittes abspielen, den wir – nichtsahnend – Wirklichkeit nennen.

Zwei Jahre nach dieser Begegnung am Hof des Kaffeebauern gibt es ein neues Bild: Es zeigt Mano, 10 Jahre alt, wieder in einem Lastwagen sitzend. Neben ihm sein strahlender Vater. Im Hintergrund, eher verschwommen, eine hellhäutige, blonde Frau …

Oliver Hoffmann

Young shepherd. Les-Saintes-Maries-de-la-Mer, France

Der Schafhirte

Frankreich

Er war ein – ganz wie das Märchen es vorschreibt – junger, mittelloser Schafhirte gewesen. Auf Facebook hatte ein ultracooles Mädchen, das sich „Prinzessin" nannte, alle ultracoolen Jungs dazu aufgerufen, sich zu einer „Märchenhaften Brautschau", wie sie es nannte, einzufinden. So war der Hirte unverzüglich mit seinen 28 Schafen losgezogen. Der Preis? Ein in Aussicht gestellter Kuss. Nun, das scheint in Zeiten übermäßiger Freizügigkeit nicht übertrieben viel, doch sollte man bedenken, dass erstens der Kuss einer Frau wartete, die, entsprachen die geposteten Fotos der Wirklichkeit, durchaus als umwerfend zu bezeichnen gewesen war. Und zweitens ist zu bedenken, dass wir von einem Jungen erzählen, der den ganzen, ach so lieben Tag im Kreis seiner 28 Schafe verbringt. Als einzige Ansprache blökende Tiere und ein hechelnder Hund. Der letzte und auch bislang einzige Kuss lag vier Jahre zurück und aufgrund einer darauffolgenden schallenden Ohrfeige war dieses Thema eher negativ besetzt. Der Aufruf dieser unfassbar schönen Frau schien ihm wie ein Geschenk des Himmels, seine kleine Psychose in puncto Zärtlichkeiten zu überwinden. So ist es also schon und durchaus nachvollziehbar, dass er sich in Gang setzte, um den angegebenen Ort rechtzeitig zu erreichen.

Die Schafe musste er im Schlepptau haben. Nicht nur, weil ein Schafhirte ja die Basis seines Berufes nicht so einfach abstellen, hinterlegen, abgeben konnte – wohin mit 28 Schafen plus Hund? „Sorry, muss mir nur mal schnell einen Kuss abholen auf einer 67 km entfernten Waldlichtung ..." – sondern, was er nicht ahnen konnte, die Erfüllung der ersten Aufgabe direkt mit seinen Schutzbefohlenen zu tun haben sollte.

Über die 58 Stunden dauernde Wanderschaft ist weiter nichts Wesentliches zu berichten – er war ein äußerst geübter Hirte und sein Hund ein äußerst verlässlicher Partner. Als sie an den angegebenen Ort kamen, herrschte reges Treiben und Gedränge – da wollten sich wohl mehr an dem Küsschen laben!

Die, wie sie sich nannte, „Prinzessin" hatte einen wohl organisierten Hofstaat, allesamt junge, ultracoole Typen, die mit ihren Mobiltelefonen jede kleinste Bewegung der ankommenden, geifernden Herren für den Instagram-Account ihrer Chefin filmten. Schon beim Eintreffen wurde mithilfe der ersten Aufgabe eine erste Selektion durchgeführt.

„Ich will nur dem das höchste Glück eines Kusses von und mit mir schenken, der sich zärtlich, anschmiegsam und kuschelig zeigt. Womit auch immer er mir dies beweisen möge." – So hatte sie die erste Herausforderung formuliert. Die Machos, die nackte Oberkörper und gestählte Muskeln mit Zärtlichkeit verwechselten, diejenigen, die Rosen, Perlen, bunte Geschenkkörbe heranschleppten, konnten gleich an der ersten Prüfstation wieder kehrtmachen. Durchgelassen wurden – sehr zur Überraschung der abgewiesenen Männer – unter anderem solche mit übergroßen Plüschtieren, einer in einem Osterhasen-, zwei in einem Bärenkostüm und natürlich, bereits mit einem ersten Applaus begrüßt, der Schafhirte mit seinen 28 Schafen.

Zur zweiten Aufgabe waren von den sicherlich über 100 Werbern noch 22 zugelassen. Ein, wie es den Anschein hatte, „Hofmarschall", zumindest war der Typ so angezogen, als wäre er gerade einem alten Grimm-Märchen entsprungen, verkündete nun die zweite Aufgabe: Da der Kuss der Prinzessin ein richtiger, also einer mit der Zunge auszuführender, zu sein habe, würde derjenige in die letzte und entscheidende Runde kommen, der Gewaltiges, Aufregendes, bestmöglich noch nie bisher Dagewesenes mit seiner Zunge aufzuführen imstande sei. Nacktschnecken gleich wanden sich die Zünglein nun aus weit aufgerissenen Mäulern. Zuckten hin und her wie winzig fette Schlangen oder schleckten Imaginäres, als wären es Eiskugeln oder Ohren. 18 von ihnen wurden ob der Lächerlichkeit dieser ihrer Bemühungen gleich des Platzes verwiesen, zogen mit hängenden Köpfen davon und gesellten sich unter lautstarkem Schimpfen über diese Ungerechtigkeit zu den Muskelprotzen.

Drei der Finalisten hatten ganz einfach ihre Zunge herausgestreckt und dabei die „Ohs" und „Ahs" des Hofstaates geerntet: Einer konnte sein Mundorgan bis weit über seine Nasenspitze ausfahren, einer sich gar damit die Augen auswischen und der Dritte ließ sie über das Kinn hin und herpendeln – bei ihm stellte sich die Frage, wie dieses Riesending in seinem Mund überhaupt Platz haben konnte. Nun waren alle Augen auf den Schafhirten gerichtet, denn er hatte nach wie vor seinen Mund geschlossen gehalten und nun erst, nach Aufforderung, was er denn zu bieten habe, öffnete er seine Lippen ganz langsam. Zeitlupig schob sich seine Zunge heraus, die vielleicht etwas länger war als das, was man normal nennen würde, aber an die drei anderen, was die Länge betraf, bei Weitem nicht herankam. Schon wollte man das Urteil fällen und ihn dieser erlauchten Finalistenrunde verweisen, als die Spitze seines herausgestreckten Zungentieres sich plötzlich aufrichtete und sich zusammenfaltete – wie ein Handtuch, ein Hemd, ein Klappmesser. Jubel brach los – so etwas hatte man noch nie gesehen. Nach kurzer

Beratung der prinzesslichen Jury wurden der Augenwischer (er war der im niedlichen Osterhasenkostüm) und der Hirte in den innersten Kreis vorgelassen. Wo auf einem prunkvollen Klappstuhl die Prinzessin residierte. Und eh sie sich's versah, von den 28 Schafen umkreist war, die freudig blökend sich an sie kuschelten, dass es dem Mädchen ganz heiß ums Herz wurde (und den Hasen ziemlich blöd dreinschauen ließen).

Hätte es nicht noch eine dritte Aufgabe gegeben, hätte sie schon vorzeitig eine Entscheidung getroffen – auch weil der Junge mit seiner Kappe und dem weiten Gewand allerliebst aussah (und wahrscheinlich auch das Zungenkunststück lockte ...). Aber – sie wollte die Social Media Community nicht enttäuschen und bat um Ruhe: „Für den Kuss, um den sich alles dreht, braucht es noch die Lösung der dritten Aufgabe. Ein kleines Rätsel für euch tapferen Knaben. Leider ist es ein unlösbares. Hört: Was ist besser als Gott? Schlimmer als der Teufel? Und wenn man es isst, stirbt man?" Schweigen. Alle, wirklich ALLE – außer einem Einzigen – versanken in tiefes Nachdenken, falteten sich Stirnen und drehten sich Augen vor Ratlosigkeit. Alle, wirklich ALLE – außer einem Einzigen – zuckten Schultern und riefen irgendwelche dummen Antworten, die sich in Nichts auflösten. Alle, wirklich ALLE – außer einem Einzigen – resignierten. Auch der Osterhase in Plüsch, der kurz abwinkte und dann voll Trübsal davon hopste. Nur ein Einziger stand da und lachte. Lachte aus vollem Halse. „Ihr seid eine wahre Prinzessin!", rief der Schafhirte. „Denn Ihr liebt Märchen. Und scheint die besten davon zu kennen. So wie ich. Was bleibt mir in der Einsamkeit mit meinen Schafen, als mich im Reich der wundersamen Geschichten zu trösten? Dort müssen wir beide uns getroffen haben: in demselben Buch. Demselben Märchen. Demselben Rätsel des Märchendichters, den wir, so scheint es, beide lieben. So kenne ich die Antwort und kann es kaum erwarten, deine Lippen auf den meinen zu spüren!" (Eigentlich hatte er ja sagen wollen: „Unsere Zungen miteinander zu verknoten!").

„Was ist die Antwort?", rief der Hofstaat ungeduldig. Doch am Lächeln der Prinzessin war deutlich zu erkennen, dass er NICHTS mehr zu sagen brauchte, sie wusste, dass ihn bzw. sie NICHTS mehr aufhalten würde, ihre Münder ineinander zu verstricken, zu verhäkeln, zu verweben, die lustvolle Ohnmacht nur verhindert durch den durch Nasenlöcher tief eingezogenen Sauerstoff. „NICHTS!", rief sie und warf sich mit dieser Antwort auf den Hirten und eng verschlungen versanken die beiden im weiß wogenden Fellmeer der 28 Schafe.

Wie Leuchttürme ragten die Mobiltelefone in den Himmel, diesen großartigen, wahrlich märchenhaften Moment festzuhalten, Millionen Likes und Clicks und Thumbs damit zu erschaffen.

Am nächsten Morgen, der Hofstaat und all die Vasallen waren längst abgezogen, machte sich der Schafhirte wieder auf den Weg. Wie es kam, dass seine Herde nun aber nicht mehr nur aus 28 Schafen, sondern auch noch aus 19 Ziegen bestand, wird für immer ein Rätsel, ein weiteres, vielleicht auch ein Märchen, ein fabelhaftes, bleiben …

Tuul & Bruno Morandi
Easter Procession of the Holy Week. Antigua, Guatemala

Der kleine Zauberer

Mexiko

Tiandro war gerade einmal vier Jahre alt gewesen, als er von seiner Tante eine Ziehharmonika geschenkt bekommen hatte. Es muss eine Fügung des Himmels gewesen sein, denn der Junge nahm das ihm fremde Musikinstrument in die Hand und spielte. Er spielte sofort und umgehend eine Melodie, ein bekanntes Kinderlied. Er spielte es so perfekt, dass alle um ihn herum verstummten und erstarrten. Seine Großmutter bekreuzigte sich, seine Mutter fiel auf die Knie und begann ein Gebet zu sprechen und die Männer der Familie lachten – und dachten wohl sofort daran, wie sich dieses bisher verborgene Talent zu einer sprudelnden Geldquelle entwickeln ließe.

Tiandro gab seine Harmonika von diesem Tag an nicht mehr aus der Hand – es schien, als sei er mit dem glitzernden Ding verwachsen, auf eine magische Art verbunden. Es schien, als musste er spielen, als gäbe es einen höheren Befehl, dem Instrument mehr und mehr unglaubliche Töne und Klänge zu entlocken. Die Geschichte des Jungen, der wie mit Gottes Hand spielt, war bald in ganz Mexiko bekannt. Von überall her pilgerten die Menschen herbei, ihm zuzuhören. Ja, sie „pilgerten" herbei – denn für mexikanische Verhältnisse war es fast natürlich, dass man dem Ganzen sofort und umgehend eine religiöse Bedeutung, ein Wunder, zuschrieb. Um den Ansturm zu bewältigen, hatte der Bürgermeister eine eigene Hütte zur Verfügung gestellt, die, mit einigen Devotionalien versehen, eine recht ansehnliche Pilgerstätte hergab. Dort saß der Junge nun tagein, tagaus und spielte die unglaublichsten Melodien. Musikwissenschaftler aus der ganzen Welt reisten an, das Phänomen zu untersuchen. Erwiesen war, dass das Kind über keinerlei musikalisches Vorwissen verfügte. Erwiesen war, dass er ohne jegliche Kenntnis der Musik von Mozart, Elton John oder Piazzolla deren Stücke in einer Virtuosität spielte, dass die berühmtesten Harmonikaspieler in Tränen ausbrachen, weil ihre Interpretationen dieser Stücke nach 30 Jahren täglicher Übung im Vergleich zu Tiandros stümperhaft klangen.

Tiandro gewann spielend Mexico's Got Talent und gewann nach einem Golden Buzzer von Heidi Klum auch überragend America's Got Talent. Bei einem Besuch in Rom bei Papst Franziskus wurde er gebeten, eine Bach-Fuge zu spielen, angeblich Franziskus' Lieblingsstück, spielte jedoch ein argentinisches, revolutionäres Volkslied, das den Papst so rührte, dass er in Tränen ausbrach. Und die Weltpresse am nächsten Tag über ein weiteres Wunder schlagzeilte: „Kind spielt Lieblingslied des Papstes und entlarvt damit dessen revolutionären Hintergrund!"

Es wurde bereits international diskutiert, ob die mexikanische Regierung sich seiner bemächtigt und das Kind auf unbekannte Weise so manipuliert hatte, dass es für politische Statements missbraucht werden konnte. Denn auch sein Besuch im Weißen Haus sorgte für Schlagzeilen: Tiandro begann sein Konzert vor der gesamten Regierung der USA mit einem „Tribute to New Orleans" mit Jazz, als er mit einem Mal und völlig unvermittelt die Nationalhymne anstimmte, worauf alle Gäste hochsprangen, um, wie es das Protokoll erfordert, stramm dazustehen. Mitten in der Hymne, exakt bei dem Satz „For the land of the free and the home of the brave" wechselte er zu Gospels und

Spirituals, worauf sich alle setzten. Kaum eine Minute später setzte er die Hymne fort, worauf wieder alle aufzuspringen hatten und sich Joe und Carmela schon befremdliche Blicke zuwarfen, welches Spiel dieses mexikanische Kind da mit ihnen spiele. Nach einem weiteren, von einem Fünfjährigen konzertierten, Hochfahren der mächtigsten Regierung der Welt endete das Konzert mit John Lennons „Imagine". Tiandro war endgültig zum Weltstar geworden.

Aus Anlass seines sechsten Geburtstages hatte die Regierung ein großes Fest in seinem Dorf vorbereitet. Aber zu aller Überraschung wünschte Tiandro mit einer, Celebrities wohl innewohnenden, Bestimmtheit und Selbstsicherheit, unverzüglich in einen nahegelegenen Wald gebracht zu werden, wo er gedenke, den Tag bis zum Sonnenuntergang alleine mit seiner Ziehharmonika zu verbringen. Als der angereiste Präsident und mit ihm im Schlepptau der Bürgermeister und seine Familie den Versuch eines sanften Protestes unternahmen, er möge doch an die aus aller Welt angereisten Fernsehstationen und Ehrengäste denken, antwortete er mit einem derart lauten, schrillen, alles durchdringenden Wehklagen seines Instrumentes, dass seinem Wunsch sofort und ohne weiteres Murren nachgegeben wurde. Tiandro bestieg einen gepanzerten Geländewagen und sie fuhren mit ihm davon.

So würde er einen bestimmten Ort inmitten des dichten Waldes suchen, dirigierte er die Bodyguards über Waldwege und hieß sie dann an einer kleinen Lichtung stehen bleiben. Er stieg aus, befahl ihnen, zurückzufahren und bei Sonnenuntergang hier, an dieser Stelle, auf ihn zu warten. Das Auto fuhr davon und der Junge stapfte los.

So wie er damals das Geschenk seiner Tante wie einen selbstverständlichen Teil seiner selbst in die Arme genommen und gespielt hatte, so folgte er dieses Mal einer Spur, die ihn durch den Wald führte – wie Brotkrumen, die ihn vor Verirrungen bewahren. Dort, wo keine Wege, wo nichts mehr als nur hohe Bäume zu sehen waren, ließ er sich am Fuß eines großen Baumes nieder und begann zu spielen.

Natürlich kannte er diese Melodie nicht, wie immer ließ er sich einfach von diesem Zauber, der in ihm nun schon seit zwei Jahren sein Leben dirigierte, leiten. Da kamen mit einem Mal von überall Tiere herbei, angelockt von diesen überirdisch schönen Klängen. Hunderte, vielleicht tausende, wenn man jede einzelne Ameise dazurechnete, hatten sich um den großen Baum versammelt und lauschten atemlos den Klängen des Weltstars der Menschenwelt, der für sie hier im Wald ein Konzert gab. Inmitten dieses außergewöhnlichen Momentes, von dem kein Mensch glauben würde, dass er tatsächlich, wahrhaftig so geschehen könne, schwebte vom Himmel eine Fee herab. Sie war größer als die, die man üblicherweise kannte, also daumengroß, diese muss so um die 1,20 Meter groß gewesen sein, zart, durchsichtig schimmernd. Anders als jeder normale Mensch auf diesem Planeten, der bei diesem Anblick wahrscheinlich ohnmächtig oder verrückt geworden wäre, weil Märchen doch nichts Wahres sind und ein Blick in diese andere, transzendente, Welt erst in ein paar hundert Jahren möglich sein wird, also völlig anders reagierte – erwartungsgemäß – Tiandro. Es war, als hätte er den ganzen Weg hinter sich gebracht, um nun sie, dieses Wesen aus einer anderen Welt, hier zu treffen. Leise ließ er seine Musik verklingen.

„Tiandro", sagte sie, „du hast alles bisher sehr zu unserer Zufriedenheit erfüllt. Auch bei Joe und Franziskus. Der Gewinn von America's Got Talent war zwar nicht eingeplant gewesen, aber letztlich hat es unseren Plänen ja genützt. Nun aber ist die Zeit für den nächsten Schritt gekommen. Du bist nun sechs Jahre alt und damit bereit, frei zu sein und selbst zu entscheiden, was zu tun ist. Natürlich werden wir auch weiterhin stets über dich wachen, aber nicht mehr deine Schritte, deine Wege lenken. Dafür erhältst du von uns zum Geburtstag ein kleines Geschenk. Nicht sehr einfallsreich, eher wie üblich: einen Wunsch! Sag, was du willst, und es wird in Erfüllung gehen!"

Tiandro hatte der Fee aufmerksam zugehört. Alle Tiere lauschten atemlos, was das Menschenkind sich wohl wünschen würde.

„Ich habe mit meinem Spiel die Menschen und auch euch Tiere BEzaubert", sagte es. „Aber ich möchte sie VERzaubern. Ich wünsche mir, von nun an Zauberer zu sein!"

Die Fee war einigermaßen erstaunt über den Wunsch des 6-Jährigen und argwöhnte, dass es vor ihrem alles entscheidenden Fingerschnipsen samt Spruch doch vielleicht ratsam sei herauszufinden, was das Kind denn vorhabe. „Meinst du mit verzaubern, einen Menschen in ein Tier, ein Gänseblümchen in einen Baum oder Elefantenkacke in Gold zu verwandeln? So etwas in diese Richtung?"

„Da ich, sprechen wir es doch ganz offen aus, in den letzten beiden Jahren ein Werkzeug in den Händen der Übermächte, ja des Märchens, war, hättet ihr mich schlecht gelehrt, würde ich mich nun mit solch banalen Dingen abgeben wollen. Ihr habt mich hierhergerufen, mir meine Freiheit zu geben, und ich nehme an, dass ihr nicht erwartet hattet, dass ich mir einen Ferrari als Wunsch erwähle. Nun bitte ich dich, Fee, erfülle dein Versprechen!"

‚Es scheint', dachte sich die Fee, ‚als hätten wir bei dem Knirps ganze Arbeit geleistet. Spielt nicht nur, sondern redet auch daher wie ein Großer.' Und was blieb ihr also anderes übrig, als den Zauberstab zu schwingen und die – streng geheime und deshalb hier nicht wiedergegebene – Zauberformel auszusprechen. Im selben Augenblick machte es kaum hörbar BLINK, ein Licht, wie von einem Fotoblitz, erstrahlte, die Tiere in den ersten Reihen machten vor Schreck einen Satz zurück, denn vor ihnen stand das Menschenkind, jetzt ohne Ziehharmonika, dafür gekleidet wie ein Zauberer aus dem Westgate Las Vegas Resort. In ein schwarzes, langes, seltsames Gewand gehüllt und einer seltsamen Kappe auf dem Kopf.

Tiandro sah an sich hinunter, suchte kurz nach seinem Musikinstrument, war kurz ein bisschen verwirrt, tippste dann aber zweimal mit seiner rechten Hand auf die Kappe (er wusste nicht, warum er es tat, er folgte einfach seiner Intuition) und tatsächlich: Es machte plötzlich dieses leise BLINK, das wohl einen nachfolgenden Zauber anzeigte. Wie aus dem Nichts hielt er in seiner linken Hand ein Eis. Erdbeere. „Wow! Es funktioniert!", rief er und riefen auch gleich alle Tiere. Nun brach ein Stimmengewitter los, ein jedes Tier wollte die einmalige Gelegenheit wahrnehmen, zu einem erfüllten Wunsch zu kommen. „Ich will einen Bananenwunderbaum!", brüllte der Brüllaffe. „Ich will unsichtbar sein", verlangte der Hase, mit Blick auf den Kojoten, der in der Nähe stand. „Ich will Königin der Tiere werden", sagte die Jaguarin. „Damit dieses Macholöwengehabe endlich ein Ende hat."

Tiandro tippste an den Zylinder und verkündete: „Freunde, mit euch will ich mein Werk beginnen. Ich erkläre diesen Wald zur jagdfreien Zone – nie wieder müsst ihr Angst haben, hier von einem Menschen gejagt zu werden." BLINK und es war wohl geschehen – die Zukunft wird es zeigen.

Ein Gang tat sich auf und der Zauberer machte sich auf den Weg zurück in die Wirklichkeit.

Pünktlich zum Sonnenuntergang kam an der Lichtung der gepanzerte Geländewagen angefahren, die Bodyguards blickten sich verwirrt an, als ein in Schwarz gekleideter Junge mit Kappe, aber ohne Ziehharmonika zu ihnen in den Wagen stieg. „Wo ist dein Instrument?", fragten sie. „Hab den Beruf gewechselt", antwortete Tiandro. „Bin jetzt Zauberer." Und zur Demonstration griff er an den Zylinder und sofort hob der schwere Wagen ab und flog – kurz – durch die Luft.

Der kleine Tiandro wandelte sich vom Superstar zum Superhero.
Er zauberte Krankenhäuser herbei und Photovoltaikanlagen.

Er entlarvte korrupte Politiker und gnadenlos dumme Blogger. Er zauberte volle Tische für die Armen und heilte Kranke. Er war Tag und Nacht unterwegs, um Gutes zu tun. Die ganze Welt rief, ja flehte nach dem Zauberer, der die Kraft hatte, die Welt zu verbessern, und der kleine Junge, nun gerade einmal sieben Jahre alt, zauberte sich um die Erde, hin und hergerissen von all dem Unglück, von all den Begehrlichkeiten, eine unendlich scheinende Liste an Dingen, die es wegzuzaubern galt. Die es wegzuzaubern galt, weil die Menschen es gewesen waren, die all diese Dinge irgendwann herbeigezaubert hatten. Alle Leiden und alle Hoffnungen, alle Ängste und alle Sehnsüchte, so erkannte das Kind, hatten einen gemeinsamen Ursprung, entsprangen einer gemeinsamen Quelle, die nie zu versiegen schien. Jeder Zauber, den er vollführte, zog einen neuen, anderen, nach sich, bekam der eine etwas, rief das die Begehrlichkeit eines anderen hervor. ‚Nun weiß ich‘, dachte er bei sich, ‚warum das Märchen nur in der jenseitigen Welt zu Hause ist – weil es nicht der Zauber, sondern der Mensch selbst es ist, der sich seinen eigenen Weg erzaubern muss.‘

Erschöpft und müde von seinen Reisen kehrte er wieder einmal in sein Dorf zurück. Dies nahm die nächstgelegene Stadt, Oaxaca, zum Anlass, ihn, den berühmtesten Sohn Mexikos, entsprechend zu ehren und hatte einen Triumphzug durch ihre Straßen organisiert. Eigentlich hatte Tiandro keine Kraft mehr, aber seiner Familie zuliebe sagte er zu. Mit seinen Freunden defilierte er inmitten eines riesigen Festzuges mit dutzenden Musikkapellen, Trachtengruppen, alten Kriegern und jungen Kämpfern vorbei an jubelnden Menschenmassen.

Da plötzlich sah er am Straßenrand einen Jungen sitzen, mit einer Kappe, so wie er sie immer getragen hatte, der auf einer Ziehharmonika spielte. Sofort verstummten in seinen Ohren all das Getöse, die Trommeln und Trompeten, die Jubelschreie des Volkes, die ihren Zauberer huldigten, und er hörte nur noch die einfache Melodie eines Liedes. Es war ein Kinderlied, das er schon so lange nicht mehr gehört hatte. Tiandro blieb stehen und hörte dem kleinen Musikanten zu. Mit ihm musste nun der ganze Festzug stoppen und neugierig schauten alle, was denn da die Aufmerksamkeit des Helden so auf sich zog, dass es alles Feiern zum Erliegen brachte. Tiandro setzte sich neben den Burschen, der wahrscheinlich so alt wie er war, und lauschte. Als das Lied zu Ende gespielt war, sagte er: „Ich hatte die ganz gleiche Ziehharmonika und ich hatte dasselbe Lied gespielt. Lässt du mich versuchen, ob ich es noch kann?" Und der Junge mit der Mütze reichte ihm, ohne ein Wort zu sagen, das Instrument. Tiandro nahm seine Kappe ab, zog sich den schwarzen Umhang aus und nahm die Harmonika in die Hand. Augenblicke bevor er den Blasbalg dehnte, um sein Spiel zu beginnen, nahm der Junge seine Kappe und setzte sie Tiandro auf den Kopf. Alles war so still, ganz Oaxaca schien den Atem anzuhalten. Mit den ersten Klängen, die ertönten, stand der Junge langsam auf und verschwand in der Menge. Tiandro aber saß da und spielte. Seine wundersame Musik lief durch die Straßen, es war, als würde sie eine Wolke bilden, die über die Stadt zog. All die gerade noch jubelnden, dann verstummt staunenden Menschen sahen zum Himmel, so als würden die Töne direkt von dort kommen und verspürten ein tiefes Glück.

Ja, so und nicht anders war es, sagt das Märchen und schlägt sein Buch mit der Geschichte des kleinen Zauberers zu …

Tuul & Bruno Morandi
Nadina. Hijra community, Pakistan

Der Tanz auf dem Seil

Indien

Ich musste so um die fünfzehn Jahre alt gewesen sein, als ich das erste Mal das Gefühl hatte, auf einem Seil zu stehen: Ich stand am Straßenrand, hatte mir die Hose heruntergezogen, um mein Geschäft zu erledigen. Da blieb ein junger Mann stehen, lächelte mich an und sah mir völlig ungeniert dabei zu. „Ich muss mich wegdrehen", schoss es durch meinen Kopf, „ich muss mich schämen." Aber ich ließ seine Blicke gewähren und stieg damit zum ersten Mal auf dieses Seil. Ich empfand sogar Stolz, beachtet zu werden, und es machte mir nichts aus, als er näherkam und seine Hand nach mir ausstreckte.

In den nächsten Tagen, erinnere ich mich, begann ich mit den ersten Schritten auf dem Seil: Ich gestand mir ein, nicht den Mädchen nachzusehen, wie alle anderen Burschen in meiner Klasse, sondern den Jungen. Ich fühlte dabei nicht mehr diese quälende Ungewissheit, ob mit mir etwas nicht in Ordnung sei, ob ich „falsch" und die anderen „richtig" tickten. Womit ich nicht gerechnet hatte, dass meine Umgebung meinen beginnenden Tanz auf dem Seil so unmittelbar wahrnehmen würde. Die Burschen versuchten sofort, mich in den Abgrund zu stürzen. Begannen mir, „Radjiv, die Schwuchtel!"

nachzurufen, sich vor mir übertrieben mädchenhaft zu bewegen, und wollten nicht mehr mit mir gemeinsam die Toiletten betreten. „Wer weiß, was Radi dann mit uns macht!" Aber parallel dazu gewann ich zu meinem großen Erstaunen eine wohltuende Aufmerksamkeit der Mädchen. Es schien, als würden sie mich mit einem Mal als ihresgleichen betrachten, als bräuchten sie keine Angst mehr vor pubertierenden Anzüglichkeiten und ersten Handgreiflichkeiten haben. Jeden Tag wagte ich mich nun immer weiter auf das Seil hinaus – die Demütigungen der Burschen und die Achtung der Mädchen hielten mich in Balance. Es schien, dass je mehr man hinter meinem Rücken murmelte und mich nachäffte, desto sicherer meine Schritte wurden.

Bis ich eines Tages in das Büro des Direktors gerufen wurde. Schon wie er mich ansah, als ich durch die Tür trat, ließ nichts Gutes ahnen: Er musterte mich von oben bis unten, als würde er irgendetwas krankhaft Verändertes suchen, als würde er in meinem Gang, in meiner Körperhaltung, in meinen Augen einen Beweis für den Verdacht, für die Gerüchte finden wollen.

„Radjiv", begann er und versuchte, besonders sorgenvoll zu klingen, „du weißt doch, dass nun eine Zeit auf dich zukommt, in der Burschen so wie du sich für Mädchen zu interessieren beginnen. Das ist nichts Schlechtes. Das gehört dazu. So werden wir zu Männern. Wir heiraten und zeugen Kinder. So ist das. Das willst du doch auch, oder? Vielleicht irgendwann ein Mädchen küssen und ihre Hand halten, oder? Du willst doch auch ein großartiger Mann und später ein Vater werden, oder?" Ich balancierte seit ungefähr 4 Wochen bereits einige Meter über der Erde. Ich blickte hinunter und sah den Abgrund. Ich blickte hinauf und sah den unendlichen Himmel über mir. Ich hatte mich so weit hinausgewagt, dass es nun, auch im Büro des Direktors, kein Zurück mehr gab. Das Seil verlieh mir eine unglaubliche Sicherheit. Viel mehr, als es der scheinbar so sichere Boden es getan hatte.

„Radjiv, was ist?", rief der Direktor nun schon bestimmter. „Ich habe dich etwas gefragt und warte auf deine Antwort. Du bist ein guter Schüler, du wirst doch eine Antwort haben, oder?"

Ich ahnte, nein, ich wusste, dass im Augenblick der Befreiung meiner Gedanken der Tanz auf dem Seil, der Hochseilakt, beginnen würde – unwiderruflich. Ich war zu jung, zu neu in Erfahrungen dieser Art, als dass ich es bewusst hätte zu steuern vermögen, vielmehr führte mich eine innere Stimme immer weiter hinaus auf das Seil, immer weiter weg vom sicheren Ausgangspunkt. Zudem, so spürte ich es in den letzten Momenten, bevor ich den Mund öffnen und die Wahrheit sagen würde, entfernte sich das Seil immer mehr vom Boden, es schien, als schwebten wir beide, das Seil und sein Tänzer, immer höher in den Himmel. Und dieses Gefühl des Schwebens, losgelöst von Zeit und Raum und den Gesetzen der Physik, verlieh mir die Kraft, endlich meinen Mund zu öffnen und es auszusprechen: „Ich will ein großartiger Mann werden, Sir, und ich will Hände halten und küssen, Sir. Nur fühle ich mich nicht zu Mädchen hingezogen, sondern zu Jungen. Sie will ich halten und küssen, Sir."

Nie werde ich diesen Augenblick vergessen: Ohne langjähriges Üben stand ich Fünfzehnjähriger mit einem Bein auf einem fingerdicken Seil in schwindelerregender Höhe. Meine Arme und das zweite Bein ausgestreckt wie ein Vogel, kurz bevor er sich in die Lüfte erhebt. Ich sah, wie der Direktor erstarrte und sein Kopf so rot anlief, als würde er gleich zerspringen wollen. Und ich begann, sanft und langsam auf dem Seil auf und ab zu wippen. Ich sah, wie er aus seinem Sessel hochsprang und einen Stock in die Hand nahm. Und ich begann, auf dem schwingenden Seil auf und ab zu hüpfen. Ich sah, wie er mit unvorstellbarer Wut und Gewalt auf mich einzuschlagen begann. Und ich machte meinen ersten Salto rückwärts auf dem Seil und landete wieder mühelos. Ohne zu schwanken. Ohne jegliche Unsicherheit. Es war der Tag, an dem das Seil meine Heimat wurde.

Es war auch der Tag, an dem mein Leben auf dem Boden zur Hölle wurde. Einer der Besten musste die Schule verlassen, weil er sich nach Jungen statt nach Mädchen sehnte. Meine Eltern zerrten mich in den Tempel, um mich einem Priester zu übergeben. Einen Monat lang versuchte er, mich von meinem Seil zu zerren. Mit Schlägen. Mit Hunger. Mit Durst. Mit Drohungen. Und wurde immer wütender, immer grausamer, als er miterleben musste, wie ich, statt abzuschwören, statt auf dem Boden zu bleiben, immer waghalsigere Kunststücke vollführte. Erstmals gelang mir ein dreifacher Salto, ich konnte rückwärtslaufen und mein Handstand auf dem Seil brachte ihn fast um den Verstand.

Als meine Eltern vor der Tempeltür standen, in der Hoffnung, nun einen rechtschaffenen, nur kurzzeitig verwirrten Sohn wieder in ihre Arme schließen zu können, lag ein zerschlagenes, zerschundenes Etwas vor ihnen auf dem Boden – sie erkannten mich kaum wieder. „Ich kann euch nur raten", zischte der heilige Mann, „tötet oder verstoßt diese kranke Kreatur! Sonst wird sie euch nichts als Unglück bringen!"

Sie verstießen mich. Sie brachten mich vor die Tore der Stadt und ließen mich dort einfach liegen. Wäre ich auf dem staubigen, harten Boden gelegen, wäre ich wahrscheinlich gestorben, doch ich spürte weder Trauer noch Schmerz. Ich tanzte ja auf meinem Seil, schlug den Gesetzen der Natur ein Schnippchen. Ich schwebte hoch über all den Grausamkeiten, die bestimmten, was „das Natürliche" zu sein habe. Und je mehr mich dieses Treiben unter mir bedrohte, umso leichter balancierte ich über das Seil. Ich war nun, das spürte ich damals, dem Himmel näher als der Erde …

Als ich erwachte, lag ich in einer Hütte. Mein Kopf war auf einem Schoß gebettet und eine Hand streichelte sanft über meine Haare und mein Gesicht. Noch hatte ich meine Augen nicht geöffnet, noch wollte ich diesen schon so lange nicht gekannten Augenblick von Geborgenheit, Zärtlichkeit und Vertrauen genießen – wer weiß, wie lange er währen, wer weiß, ob er nicht wieder zu Schrecklichem führen würde, also blieb ich lieber auf meinem sicheren Seil. Der Mensch, der mir diesen Augenblick schenkte, muss mein Erwachen an meinem veränderten Atem gespürt haben, denn er begann zu flüstern, ich solle keine Angst haben, alles sei gut, ja, Radjiv, alles sei gut. Sobald ich meinen Namen hörte, zuckte ich intuitiv zusammen, als würde ich meinem Retter nun nicht mehr vertrauen, weil er ja doch einer aus meinem alten Leben sein musste. Also schlug ich schnell meine Augen auf, wie um mich darauf vorzubereiten, aus meiner Höhe wieder auf dem Boden aufzuschlagen.

Ich erkannte den Jungen sofort. Sakhan war ein paar Klassen über mir zur Schule gegangen. Er war immer still, zurückhaltend und schüchtern gewesen.

„Ja, ich bin es", antwortete er mit einer so sanften Stimme, dass ich meine Augen wieder schloss und mich entspannte. „Ich bewundere dich so sehr, Radjiv, dass du den Mut hattest, die Wahrheit auszusprechen. Ich hatte es nicht."

Ich fuhr hoch und starrte ihn an. Nach einer kurzen Zeit der Unsicherheit schlug ich meine Arme um seine Schultern und umarmte ihn. Es war der allererste körperliche Kontakt mit einem Mann seit meiner frühen Kindheit, als mein Vater mich noch in seine Arme genommen hatte. Es war eine Zärtlichkeit, die eine ungestörte Reinheit ausstrahlte, nur aus Geborgenheit und Vertrauen bestand. So wie damals, als mein Vater eines Tages, als ich ihn wieder so umarmen wollte, meinte, damit sei es nun vorbei. Männer dürften sich nicht so umarmen und ich sei jetzt kein Kind mehr. Und nun lag ich in den Armen von Sakhan und durfte ein Mann sein.

Als ich nach ein paar Tagen wieder halbwegs auf den Beinen stehen konnte, verließen wir eines Nachts heimlich Sakhans Hütte und machten uns auf den Weg nach Jodhpur. Wir kamen bei seinen Freunden unter, allesamt Männer, und es war klar: Sie empfanden alle so wie wir. Ich fühlte, wie mein Leben auf dem Seil und das am Boden immer mehr zu verschmelzen begannen. Sakhan war für mich der sichere Boden. Seine Hände, die meine hielten, wurden meine Balancestange. Seine Augen, die funkelten, wenn sie meine trafen, wurden zu meinem Horizont. So blieb es für Monate. Noch wagte keiner von uns beiden diesen ersten Schritt, der uns unvermittelt und unwiderruflich gemeinsam auf das Seil katapultieren würde. Bis es endlich so weit war und wir uns zum ersten Mal küssten. Es war das materialisierte Eingeständnis einer Andersartigkeit, die so bleiern schwer auf uns beiden gelastet hatte – und die mit einer so einfachen, unscheinbaren, ja selbstverständlichen Geste, die eines Kusses, in eine unbeschwerte Leichtigkeit verzaubert wurde. So wurden wir ein Paar und balancierten von nun an gemeinsam auf dem Hochseil – aber nur ich wusste davon. Ich hatte Sakhan nichts von meinem zweiten Leben, dem in der Höhe, erzählt. Ich behielt diese meine Fantasie als mein Geheimnis. Diesem hatte ich es zu verdanken, dass ich überlebt hatte, dass ich nun ein solches Glück empfinden durfte.

Nach Monaten wunderbarster Zeit, die ich je erlebt hatte, meinte Sakhan eines Tages, dass wir uns zu überlegen hätten, was wir in Zukunft machen sollten. Er wollte nicht ewig im Haus seiner Freunde leben und Aushilfsarbeiten machen. „Ich erinnere mich", sagte er, „dass du einer der besten in der Schule warst. Du solltest dein Potenzial nützen, die Schule beenden und studieren!"

Ich war die letzten Wochen und Monate dem Himmel so nahe, dass ich mir darüber nie Gedanken gemacht hatte. Aber jetzt antwortete ich, ohne auch nur eine Sekunde des Nachdenkens:

„Ich bin doch Seiltänzer!" Sakhan verstand nicht, was ich meinte.

„Ich kann auf dem Seil tanzen und die unglaublichsten Kunststücke vollführen!"

Er schüttelte den Kopf und lachte: „Dann musst du das heimlich in der Nacht geübt haben – ich habe dich noch nie, auch nicht damals in der Schule, auf einem Seil gesehen! Du bist verrückt!"

„Nein, ich bin nicht verrückt! Ich werde es dir beweisen!" Mit einem Mal war ich völlig aufgeregt. Ich sprang hoch und begann, wie von Sinnen nach einem Seil und nach hohen Stöcken zu suchen. Unsere Freunde kamen und schauten meinem hektischen Treiben lachend zu. „Er ist verrückt geworden!", rief Sakhan. Bis er in meinen Augen, in meinen Bewegungen etwas zu entdecken schien. Er nahm mich in seine Arme, mich zu beruhigen, und flüsterte mir ins Ohr, ich solle ihm sagen, was ich bräuchte, dann würde er es mir besorgen.

Ich wusste es ja auch nur aus meinen Fantasien. Ich schloss die Augen und begann, alles aufzuzählen, was ich da vor meinem inneren Auge sah und was notwendig war, meine Träume Wirklichkeit werden zu lassen.

Sakhan und unsere Freunde rannten los. Es waren vielleicht zwei, drei Stunden vergangen, als sie zurückkamen und sagten, ich solle kommen. Sie nahmen mich und zogen mich nach draußen. Bevor wir hinaustraten, legte Sakhan seine Hände vor meine Augen und führte mich ein Stück weit weg. „Bist du bereit?" – dann fuhren seine Hände langsam von meinen Augen und über mein Gesicht.

Ich konnte es nicht fassen: Zwischen wunderschönen gelb-roten Stangen war ein gelbes Seil gespannt, noch viel schöner als das, was mir meine Vorstellungskraft jemals herbeigezaubert hatte.

Alles, was dann passierte, hat sich in mein Gehirn eingebrannt, als wäre es gestern geschehen: Wie selbstverständlich, so als hätten wir es seit Jahren täglich vollzogen, kniete sich Sakhan auf den Boden und ich stieg auf seine Schultern. Von dort, wo es an den Stangen befestigt war, stieg ich auf das Seil. Nicht nur unsere Freunde hielten den Atem an, was ich nun tun würde, auch die Menschenmenge, die sich blitzartig eingefunden hatte, um zu sehen, was es da zu bestaunen gäbe. Sakhan nahm eine Trommel und begann, sie zu schlagen. Ich schloss meine Augen und bevor ich den allerersten Schritt auf dem Seil machte, zog mein ganzes bisheriges Leben an mir vorüber. Und begleitet von dem Gedanken, dass dieses Seil es war, das mich rettete, das mir all die Kraft verlieh, den scheinbar so fest verankerten Boden der Wirklichkeit zu verlassen, um ich selbst zu werden, lief ich los. Ich kann mich nicht mehr daran erinnern, was alles ich tat, aber es muss mehr gewesen sein, als ich vermutete. Denn als ich nach einer Viertelstunde vom Seil sprang, brandete ein unglaublicher Applaus auf, die Menschen schrien und jubelten und Sakhan kam gelaufen, er weinte vor Glück und umarmte mich. Alle umringten mich und unsere Freunde riefen immer wieder: „Wie ist das möglich!?" Und weil sie dachten, sie wären irgendeinem Zauber aufgesessen, der ihnen einen Film vorgegaukelt hätte, riefen sie, ich solle noch einmal auf das Seil, dann, ja dann würden sie es glauben.

Ich stand einen dreifachen Salto, balancierte rückwärts auf nur einem Bein und mein einarmiger Handstand auf dem Seil brachte die Menge fast um den Verstand.

„Ich will keine logische Erklärung für das, was heute geschah", sagte Sakhan an diesem Abend, bevor wir einschliefen. „Sie würde mich der Illusion berauben, dass ALLES möglich ist, wenn man nur fest daran glaubt und für seine Überzeugungen zu kämpfen bereit ist."

Und ich antwortete ihm, dass unsere Liebe, unser Zusammensein, unser Glück, dass die ineinander verschlungenen Hände zweier Männer nur für die eine Illusion seien, deren Horizont immer nur am Boden entlangläuft, stets und immerzu an Begrenzungen stoßend, aber die nie den Mut haben, diese zu überwinden, den Himmel zu erreichen …

Tuul & Bruno Morandi
Salsa school. Santiago de Cuba, Cuba

Das gelbe Haus oder Ches Geheimnis

Kuba

Manuela hatte Ramon in Bolivien an der Universität von Santa Cruz de la Sierra kennengelernt. Bereits nach wenigen Wochen war beiden klar, dass sie ein Paar werden und gemeinsam Kinder haben wollten. Unverständlich blieb für den kubanischen Studenten, warum seine bolivianische Geliebte ihn unter keinen Umständen ihrer Familie vorstellen wollte. Als der Druck Ramons zu groß wurde, ihre Beziehung daran gar zu scheitern drohte, bot Manuela an, mit ihm gemeinsam nach Kuba zu ziehen. Ohne ihrer Familie Bescheid zu geben, stand sie zu Ramons allergrößten Überraschung bereits wenige Tage nach ihrem Angebot mit 2 Koffern vor seiner Tür, legte alle Reiseunterlagen für sie beide auf den Tisch und küsste ihn. Am nächsten Tag bestiegen die beiden ein Schiff, das sie nach Kuba brachte.

Neun Tage nach deren Ankunft in Havanna stoppte das Taxi vor dem strahlend gelben Haus in der Nähe des Parque Butari. Es ist nicht weiter überliefert, unter welchen Umständen sie es gefunden hatten, noch mit welchen Mitteln die Studierenden es hatten kaufen können. Zwei Jahre nach ihrem Einzug beendeten beide ihr Studium und begannen zu arbeiten. Im Sommer 1990 wurde ihr erstes Kind geboren.

Am 28. Oktober desselben Jahres um die Mittagszeit stoppte ein Rettungswagen vor dem Haus, eine Ärztin trat gemeinsam mit einem Sanitäter eilig durch die Tür. Nach einiger Zeit trugen sie das Kind zum Rettungswagen und fuhren mit Blaulicht davon.

„Sie waren ruhige Nachbarn", erzählt Amel. „Sie versuchten, nicht zu viel Kontakt zu uns in der Straße zu haben. Selten kam Besuch, es schien, als wollten sie möglichst unauffällig und unbelästigt hier leben."

„Bis das mit der Rettung passierte", fährt Alejandro fort. „Es muss ein Notfall mit dem kleinen Silvestre gewesen sein – der war damals noch keine 3 Monate alt. Das Kind kam erst nach Wochen zurück. Den Mann hatte man nach wie vor zur Arbeit gehen gesehen, aber die Frau trat kaum mehr vor die Tür. Kurze Zeit danach passierte das mit den Autos. Jeden Tag parkte eines in der Nähe des gelben Hauses. Nie genau davor. Und immer saßen zwei Männer drinnen."

„Ja, sie saßen nur so da", sagte Amel, „aber es war uns allen klar, dass es etwas mit denen zu tun haben musste. Kurze Zeit darauf bauten sie plötzlich Gitter vor die Fenster, auch in den oberen Stockwerken, und auch die Tür wurde dicht gemacht. Wir alle in der Straße wunderten uns, weil es hier doch so ruhig und friedlich zuging."

„Das Kind kam mit schweren Atembeschwerden zu uns in die Klinik", berichtet Dr. Ramian. „An sich verlief alles ganz normal. Die junge Kinderärztin, Aleida, die das Kind zur Beobachtung gebracht hatte, berichtete nur von dem seltsamen Verhalten der Mutter, die keine Angaben zu dem Jungen hatte machen wollen. Am späteren Nachmittag kam dann der Vater, um sein Kind zu sehen und die Formalitäten zu erledigen. Und dabei geschah es: Als Aleida das fertige Formular zur Hand nahm, es las, wurde sie völlig blass und musste von uns versorgt werden – sie war fast in eine Ohnmacht gefallen."

„Ja, es war sehr seltsam", pflichtet Horatio des Santos, der stellvertretende Direktor der Klinik, ihm bei, „man rief mich, weil man weder die Reaktion unserer Ärztin, noch die des Vaters einzuordnen imstande war. Nichts schien außergewöhnlich an den Daten, den Namen der Eltern, des Kindes, dem Wohnort, Geburtsdaten etc. Aber irgendetwas musste Aleida in einen völligen Schock versetzt haben. Und kurze Zeit darauf auch den Vater, weil der nach einer kurzen Frage der jungen Ärztin wie fluchtartig unser Krankenhaus verließ."

„Als Aleida wieder halbwegs ansprechbar war", erzählt Dr. Ramian, „und wir sie fragten, was denn passiert sei, was sie denn so schockiert hätte, starrte sie uns nur aus leeren Augen an und meinte, es sei nichts, sie fühle sich nur unwohl, bat, gehen zu dürfen, und blieb eine Woche, krankgemeldet, zu Hause."

„Das Verrückte war", sagt Horatio des Santos und schüttelt den Kopf, als ihn die Erinnerung an damals wieder einholt, „dass wir bis zu diesem Zeitpunkt weder eine Ahnung hatten, wer die Eltern des Kindes bzw. seine Mutter, aber auch nicht, wer Aleida in Wirklichkeit waren. Eine geradezu unfassbare Fügung des Schicksals hatte sie in einem Haus mitten in Havanna zusammengeführt."

„Der Anruf kam knapp vor Mitternacht", erinnert sich Pablo Nuniez. „Ich hatte Dienst in der Präfektur. Eine völlig aufgeregte Frauenstimme wollte unverzüglich meinen Vorgesetzten sprechen. Ich wunderte mich, dass sie ihn beim Vornamen nannte, als wäre er ihr vertraut. Sie hätte bereits seine private Nummer gewählt, aber er wäre nicht ans Telefon gegangen. Die Sache sei von höchster Dringlichkeit. Ich wusste nicht, was tun. Ich wollte nicht den Notruf absetzen, ohne sicherzugehen, dass es auch wirklich notwendig sei, den General um Mitternacht zu stören. Also fragte ich die Frau nach dieser privaten Nummer, die sie vorgab zu kennen. Sie war tatsächlich korrekt. Ich bat sie, mir ihren Namen zu nennen und zu warten. Ich rief den General an.

Er fuhr mich sofort an, wie ich es wagen könne, ihn zu stören, dass er hoffe, dass es wirklich dringlich sei, sonst Gnade mir Gott. Aber als ich den Namen nannte, schrie er mich an, warum ich das nicht gleich gesagt hätte, und forderte die sofortige Durchstellung des Anrufes. Und verwies noch auf höchste Geheimhaltung, was bedeutete, dass ich, wie sonst üblich bei Dienstgesprächen, keine Aufzeichnung mitlaufen lassen durfte."

Karel Rodriguez: „Der Befehl, das gelbe Haus in der Nähe des Parque Butari rund um die Uhr zu überwachen, kam ein paar Tage, nachdem mir Pablo von der seltsamen Begebenheit erzählt hatte. Wir kennen uns von der Polizeischule, natürlich hätte er es mir nicht erzählen dürfen, aber wir waren einfach neugierig. Aus den Protokollen der Beamten ging nichts hervor, was für uns diesen Aufwand gerechtfertigt hätte – der Mann kommt, der Mann geht. Die Frau erscheint am Fenster. Jemand holt das Kind zu einem Spaziergang. Bis zuerst die Fenster vergittert wurden und dann auch noch die anderen auftauchten."

„Ich war gerade erst von New York nach Havanna versetzt worden", erzählt Fernando Mamani, „als ein hoher Beamter des bolivianischen Außenamtes aus La Paz anreiste und mir den Auftrag gab, mich um die Familie zu kümmern. Sie hätten Informationen erhalten, dass der DGI (Anm. der kubanische Geheimdienst) die Identität der jungen Frau herausgefunden hätte. Sie hätte das Land schon vor ein paar Jahren ohne das Wissen ihrer Familie verlassen und ihr Vater fürchte nun um ihr Leben. Wir nahmen mit ihr versteckt Kontakt auf, aber sie reagierte nicht. Erst als wir ihr klarmachten, dass ihr Leben und das ihres Kindes in Gefahr sei, erlaubte sie uns, ihr Hilfe zukommen zu lassen. Als erstes vergitterten wir Fenster und Türen, brachten Überwachungskameras an und starteten eine Rundumbewachung."

„Es muss einer meiner ersten Dienste vor dem gelben Haus gewesen sein", sagt Ana Diaz. „Plötzlich trat der Mann der Zielperson aus dem Haus und kam zu unserem Wagen. Er klopfte an mein Fenster und ich ließ es herunter. Mit völlig aufgelöster, weinerlicher Stimme flehte er mich geradezu an, ihm doch zu erklären, was da vor sich ginge. Seine Frau würde ihm, trotz aller Drohungen zu gehen, sie zu verlassen, verrückt zu werden, nicht sagen, was die vergitterten Fenster, was die Autos links und rechts ihres Hauses zu bedeuten hätten. Sie hätte ihm nur erwidert, wenn er das Leben seines Sohnes nicht riskieren wolle, solle er nicht weiter fragen, er würde eines Tages schon erfahren, was es damit auf sich hätte. Er tat mir in seiner völligen Verzweiflung so leid, dass ich ihm antwortete, ich sei Agentin der bolivianischen Regierung und hätte den Befehl, seine Familie zu beschützen. Und dass im Auto dort drüben die Kollegen des DGI säßen. Ich sah, wie er erstarrte und wie sich in seinem Kopf irgendetwas zusammenfügte ..."

„Ich war am frühen Morgen angerufen worden", erklärt Shirley Dodley, „dass ich in drei Stunden als Stewardess einen Hilfstransport zu begleiten hätte. Eine Limousine holte mich ab und brachte mich zum Flughafen. Meine erste Verwunderung war, dass ich direkt zum Flugzeug, also nicht durch die Sicherheitsschleusen, gebracht wurde, und meine zweite, dass von einem Hilfstransport, wie ich es kannte, also Lebensmittel oder medizinische Geräte zu transportieren, keine Spur zu sehen war. Auch sagte mir niemand, wohin die Reise gehen sollte. Erst als das Flugzeug ausrollte, sah ich, dass wir in Kuba gelandet waren! Kaum hatte das Flugzeug gestoppt, kam ein Konvoi angefahren, darunter ein Diplomatenauto mit einer, wie ich später recherchierte, bolivianischen Flagge an der Standarte. Unter dem Schutz einiger Bodyguards wurden zwei Personen mit einem Kleinkind an die Gangway geführt. Kaum waren sie an Bord, starteten die Motoren und, es werden keine 10 Minuten vergangen sein, waren wir wieder in der Luft.

Das junge Paar lag sich in den Armen, zwischen ihnen ein hübscher kleiner Junge, ich glaube, er hieß Silvestre. Knapp bevor wir 30 Minuten später im Landeanflug auf Miami waren, holte mich der Kapitän ins Cockpit und ließ mich ein Papier unterschreiben, dass ich Teil eines Hilfsgütertransportes von Havanna nach Miami gewesen sei und ich bestätige, dass sich keine Personen an Bord befunden hätten."

„26 Jahre steht das Haus nun leer", erzählt Amel, „und wir haben nie erfahren, was es mit diesen Leuten auf sich hatte."

„Natürlich gab es die verschiedensten Gerüchte", fährt Alejandro fort. „Dass sie die Tochter eines nicaraguanischen Drogenbosses gewesen sein soll. Dass er einer der unehelichen Söhne Castros war, der eine argentinische Prinzessin geheiratet hatte und der sich aus Angst vor den Revolutionären hier verstecken hatte müssen. Als dann eines Tages ein Konvoi aus schwarzen Limousinen vor dem Haus stoppte, die beiden mit ihrem Kind in einem Auto mit irgendeiner Flagge dran verschwanden, tauchte bei uns sogar ein Kamerateam des Fernsehens auf und stellte uns Fragen. Aber was hätten wir sagen sollen? Sie waren so ruhige und unscheinbare Nachbarn."

Saymee biegt in die Straße in der Nähe des Parque Butari ein, als sie das gelbe Haus sieht. ‚Perfekt', denkt sie sich und beginnt, den Pinsel in den Topf mit roter Farbe einzutauchen und auf die Wand „LIFE'S A MYSTERY" zu schreiben. Sie hatte den Satz auf einem T-Shirt gesehen und findet, dass der einfach hierhergehört.

Und Carida, Hermosa und Safia? Sie legen zur Feier dieses großartigen Tages ein kurzes Tänzchen hin, während sich Saymee zufrieden eine anraucht. Ja, Life's a mystery – wenn es, das Leben, nicht so ernst wäre …

Mit etwas Rechercheglück – und dem ergänzenden Titel – wird es dem Leser und der Leserin gelingen, das Rätsel des gelben Hauses zu knacken ... wenn nicht: Bitte melden!

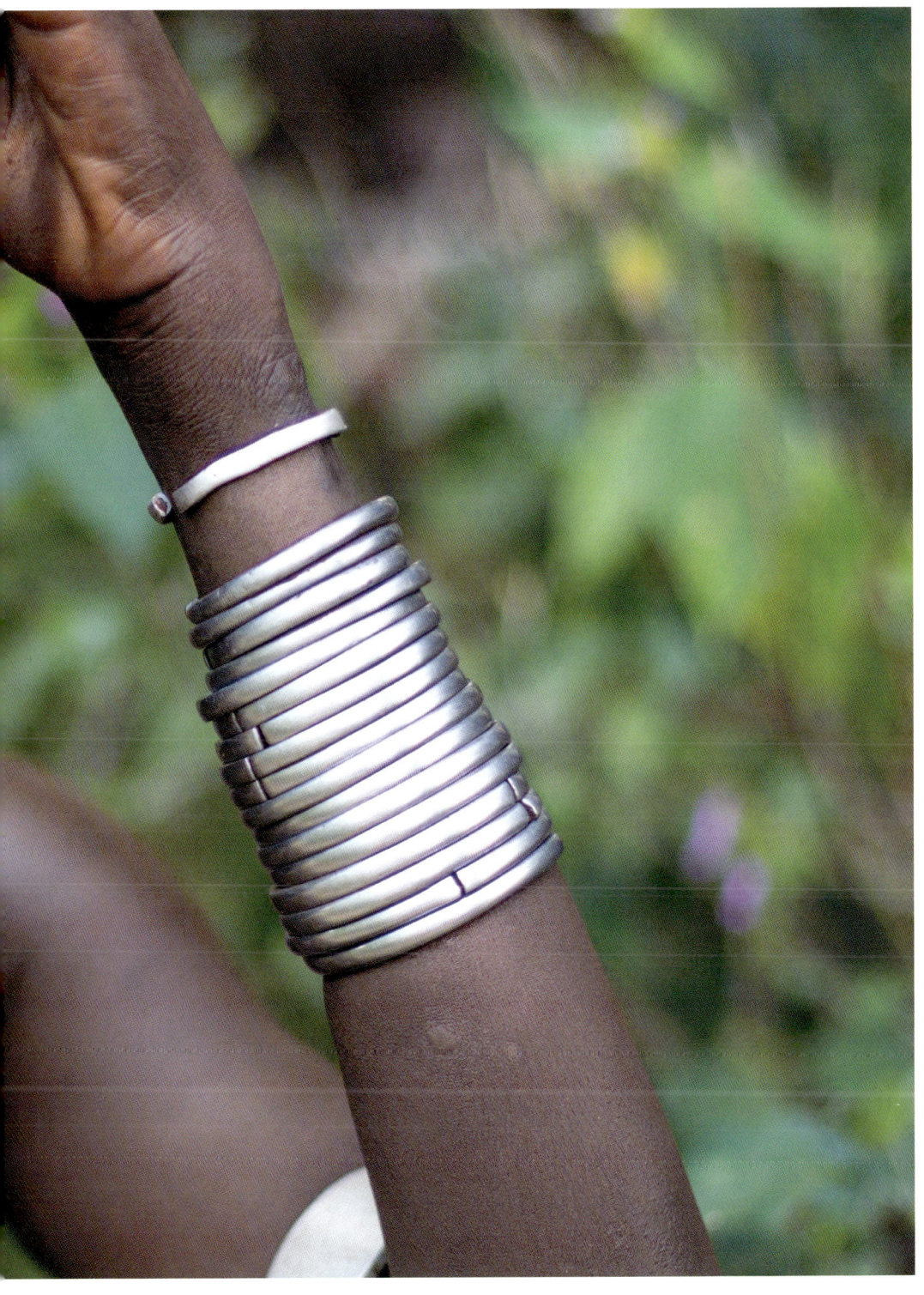

Nacho Giralt
Girl of the Hamer tribe. Omo Valley, Ethiopia

Der Zauberspiegel

Äthiopien

Es lebte einst eine Schneiderin, die hatte eine wunderschöne Tochter. Ein solcher Satz am Beginn einer Geschichte lässt schon erahnen, dass wir geradewegs auf ein Märchen, natürlich, selbstverständlich, ohne Zweifel ein wahres, zusteuern. Während die Mutter Nadel & Zwirn virtuos in Brokat und Leinen, Damast und Seide gleiten ließ, war der Tochter allerliebster Zeitvertreib, sich mit ihrem Aussehen zu beschäftigen bzw. sich auszumalen, welche Attribute es sein könnten, die ihre Schönheit noch zu steigern vermochten. Was durchaus nicht verschwiegen werden soll, war, dass das Kind – gerade 15 Jahre alt geworden – für dieses ihr Spiel einen Zauberspiegel besaß.

Eine der wunderbaren Eigenschaften des Märchens ist es, ohne nähere Erläuterungen, einfach so aus dem Nichts, als wär's das Selbstverständlichste, ein Wunderding erscheinen zu lassen. Natürlich wird die werte Leserschaft an dieser Stelle gefordert, alle Vernunft, alles logische Verständnis, alle Ratio beiseite zu schieben, um der Magie der Unvernunft, der Gefühle und der Fantasie zu erliegen …

*Da jedoch zu Beginn vollmundig versprochen worden war,
ein WAHRES Märchen zu erzählen – bitte: Der Zauberspiegel
war in das Haus der Schneiderin gekommen, als kleiner Dank
für eine wahre Heldentat der Schneiderkunst. Vor vielen
Jahren hatte sie aus einem ganz besonderen Stoff ein Kleid
geschneidert, dass einen Schwindler hatte zu entlarven
vermögen. Ihr Auftraggeber, ein edler Ritter, hatte ihn, den
Spiegel, wiederum von seinem König als Geschenk erhalten,
weil der die betrügerischen Absichten seiner zweiten Ehefrau
aufgedeckt hatte. Er selbst hatte keinerlei Verwendung dafür
gehabt und war ganz froh, das Ding bei der Schneiderin in
guten, in besseren Händen zu wissen.
Nun aber weiter mit dem Töchterchen, denn um sie wird sich
ja alles drehen ...*

Das Wunderbare des Zauberspiegels bestand darin, dass man mit
einfachem Tippen und Wischen der Finger alles herbeiholen konnte,
was man sich erträumte, erhoffte, ersehnte. Und in den allermeisten
Fällen – dies war auch schon bei den Vorbesitzerinnen so gewesen –
drehte sich alles um die leidige Schönheit. Auch die Tochter der
Schneiderin sollte da keine Ausnahme machen. Ihr Aussehen war
fast makellos, fast überirdisch zu nennen, aber im kindlichen Alter
von 15 meint man, das wäre nicht genug, das könne man noch toppen.
Und dank des Zauberspiegels lockten ja die großartigsten
Versuchungen. „Spieglein, Spieglein in meiner Hand, wo finde ich
die schönsten Frauen im ganzen Land, äh, auf der ganzen Welt?"

Zweimal tippen, einmal wischen und es erschienen mit einem Mal
bizarre Berge von unfassbarer Schönheit. Dann ein glasklarer Fluss,
Jingjiang, in dem Frauen standen und sich ihre Haare wuschen. Jetzt
kam eine davon, Yang, näher und winkte freundlich. Die Tochter der

Schneiderin konnte nicht fassen, was sie da sah: „Was für wunderschöne Haare du hast! So etwas habe ich noch nie gesehen, nicht einmal in meinen Träumen!" Und wirklich: Haare, schwarz wie die schwärzeste Neumondnacht, die bis weit über die Hüften reichten. „Wie schön, dass du mich gerade heute besuchst", antwortete das junge Mädchen, „denn heute ist ein ganz besonderer Tag für mich: Meine Haare, die du so bewunderst, werden geschnitten. Das erste Mal in meinem Leben!" – „Das ist ja schrecklich!", rief das Mädchen vor dem Spiegel. „Kann ich dir helfen, dieses Unglück abzuwenden?" – „Nein, das ist wunderbar!", antwortete das Mädchen im Spiegel. Und erzählte, dass in Huangluo die Frauen mit den längsten Haaren der Welt wohnen. Die nur einmal im Leben geschnitten werden – am 18. Geburtstag, dem Tag, an dem sie das Erwachsenenleben betreten. „Nun darf ich heiraten und bis meine Kinder 10 Jahren alt sind, werden meine Haare wieder genauso lang sein." Dann winkte Yang ihre Mutter herbei und bat sie, für ihre neue Freundin aus der anderen Welt ihre Haare auszurollen. Als das Mädchen aus der anderen Welt die schwarzen Haare von Yangs Mutter sah, die bis zum Boden herabfielen, rief sie voller Verzücken: „Solche Haare zu haben, wäre wohl das Schönste auf der Welt!" Wie verwundert war sie jedoch, als das Mädchen, das Geburtstag hatte, noch ein bisschen näher rückte, so als würde sie etwas genauer betrachten wollen, und dann sagte: „Welch wunderschöne blonde Haare du doch hast! Sie sehen aus wie feinste Seide. Und mit welch wunderschönen Locken sie von deinem Kopf fallen. Und sag, ist deine Haut ebenso weiß wie Alabaster wie die der Puppe, die ich da neben dir stehen sehe? Deine Lippen so rot und deine Brüste so klein und zart? Wie musst du glücklich sein, mit solch Schönheit zu erstrahlen!" Die Spiegelung im Zauberspiegel zeigte schemenhaft, neben der wunderschönen Yang, auch die wunderschöne Schneiderintochter, die schweigend dieses Bild betrachtete – einige Augenblicke lang. Dann „Happy Birthday!" rief, winkte und die Frauen der Yaos mit einem Finger wieder aus ihrem Leben wischte.

„Spieglein, Spieglein in meiner Hand ..." Zweimal tippen, einmal
wischen, what's next ...

Ein schwarzer Vorhang wurde im Zauberspiegel theatralisch langsam
zur Seite geschoben und dahinter wurde, in Großaufnahme, das Gesicht
eines weiteren, natürlich, was sonst, wunderschönen Mädchens
sichtbar. Es schien gar nicht überrascht, plötzlich inmitten eines
Märchens gebeamt worden zu sein – verständlich, sind die Maori
doch mit Wundersamem sehr vertraut, ist Magie, der feste Glaube
an lenkende Götter, doch Teil ihres Alltags.
　　„Kia ora", sagte Ataahua. „Hi", antwortete die Schneiderintochter.
„Kei te harikoa ahau ki te noho ki a koe", lächelte die ungefähr
gleichaltrige Maori. (Da wir uns ja in einem Märchen befinden, in dem
Zeit und Raum und damit auch Sprache aufgehoben sind, verzichten
wir nun auf Originaldialoge und damit auf die Authentizität, aber was
soll's ...) „Freue mich, bei dir zu sein! Du bist wunderschön!" – „Danke!
Du auch", antwortete unser Kind in der Schneiderinnenstube. Es folgte
ein kleiner Dialog zwischen pubertierenden Mädchen über Mode,
Akne und Jungs – was wiederum zeigt, dass solche Themen universell
zu sein scheinen, vor allem, wenn man sich in Zauberspiegeln, der
Schönheit wegen, trifft. Schon während des ganzen netten Gespräches
hatte die Schneiderintochter auf Ataahuas Kinn gestarrt. „Hast du da
ein Problem auf deinem Kinn?", fragte sie schließlich, nachdem sie ihre
Neugierde nicht mehr hatte unterdrücken können. Das Maori-Mädchen
lachte: „Dachte mir schon, dass du dich wunderst, was ich da habe!
Das ist ein Moko kauae, ein Tatoo." – „Ich finde es wunderschön, aber
ist das nicht seltsam, so etwas auf deinem Kinn, an so prominenter
Stelle zu tragen?" – „Wir Maori Frauen zeigen damit unsere Stärke,
unseren Mut und zeigen damit unsere eigenständige, wahre Identität.
Es ist ein heiliges Zeichen, das wir bereits bei unserer Geburt in unserem
Herzen tragen und das durch einen Tattoo-Meister, sobald wir dazu

bereit sind, zum Vorschein gebracht, also sichtbar, gemacht wird. Ich bin Teil eines unterdrückten Volkes und indem wir uns mit Moko schmücken, zeigen wir, dass unsere Kraft, die Kraft der Frauen, durch nichts und niemanden fortgenommen werden kann. Dass diese Kraft alles zu schaffen imstande ist. Moko kauae bedeutet, stolz zu sein, auf deine Herkunft und vor allem auf dich selbst!" – „He mea whakamiharo", sagte die Schneiderintochter leise und zog nachdenklich mit einem langsamen Wischen den schwarzen Vorhang über den Zauberspiegel.

„Spieglein, Spieglein …" – zweimal tippen, einmal wischen – … marschierte eine Herde Kühe von links nach rechts ins Bild, gejagt von ein paar halbnackten Burschen. Schnitt. Eine Gruppe von Mädchen, mit seltsam gefärbten und gedrehten Haaren, gehüllt in bunte Gewänder mit langen Ketten aus Muscheln, liefen aufgeregt hin und her. Schnitt. Eine Ziege wurde auf den Boden geworfen, ein Messer blitzte auf und es ihr in den Hals gestochen. Ein Mann fing das Blut auf. „Oh mein Gott!", rief die Schneiderintochter. „Wo bin ich denn da hingeraten?! Ich bin doch auf der Suche nach Schönheit!" – Die halbnackten Burschen hatten die Kühe zusammengetrieben und hielten sie an den Hörnern und den Schwänzen fest, bis sie aneinandergereiht wie ein Block stillstanden. Ein nackter Junge kam und sprang über die Rinder. Schnitt. Die Mädchen drückten einem Jungen eine lange Astrute in die Hand und forderten ihn auf, sie damit zu peitschen. Schnitt. Ein Mädchen, vielleicht ist sie 15 Jahre alt, saß mit gebeugtem Rücken am Boden. Zwei Männer, gehüllt in magische Gewänder und mit Masken, kamen und ritzten dem Mädchen mit schnellen, tiefen Schnitten Wunden in die Haut. Einer druckte die klaffende Wunde zusammen und der andere stach Dornen hindurch. „Nein!", rief die Schneiderintochter „Das will ich nicht sehen!", und tippte und wischte – aber das Bild im Zauberspiegel blieb. Dann erschien Tschay. Sie schaute, als würde sie durch das Fenster eines Hauses blicken, in das rechteckige Glas des Zauberspiegels, und entdeckte unser blondes, lockiges Geschöpf. Beide starrten sich schweigend Augenblicke lang an. „Haben sie dich auch gepeitscht, du wunderschönes und so armes Mädchen?" – „Ich bin nicht arm", antwortete Tsehay, „wir Frauen der Hamer befehlen den Jungen, uns zu schlagen. Denn nur so können wir zeigen, welche Stärke wir besitzen, einen Schmerz voll Stolz ertragen zu können. Damit helfen wir den Burschen, durch den Rindersprung gerade zu Männern geworden, die Richtige von uns zu erwählen." – „Wurdest du auch auf so grausame Art am Rücken verletzt?" – „Wieso nennst du es grausam? Grausam wäre es, unsere weiblichen Seelen zu verletzen, aber unsere Narben werden uns von ‚barjo' verliehen. Das ist die alles umfassende Kraft, die uns antreibt. Die unsere Herden beschützt und unsere Männer stark macht. Und die uns diese wunderschönen Narben, die unsere Körper zieren, schenkt. Sieh her!"

Und Tsehay drehte sich einmal um den Holzpflock in der Mitte der Hütte, ihren Rücken zu zeigen. Zuerst verzog die Schneiderintochter vor Abscheu ihr Gesicht, doch dann sagte sie: „Ich bewundere, dass dies dein Wille und Wunsch ist. Und wenn dies für dich und die anderen ‚Schönheit' bedeutet, dann will ich versuchen, das, was für mich so grausam wirkt, mit anderen Augen zu betrachten." Und mit einem Mal konnte sie in den Narben auf Tsehays Haut ein Muster, ein wunderschönes Muster, erkennen. Und mit einem Mal waren auch die zu kurzen Stricken verknüpften, in der schillernden Farbe eines Sonnenuntergangs im Omo Tal gefärbten Haare von einer kaum zu beschreibenden Schönheit. Und mit einem Mal erkannte die Tochter der Schneiderin, dass „Schönheit", gerade die der Frau, nur an der Kraft zu messen ist, die ihrem Herzen, ihrer Seele innewohnt und mit deren Hilfe es möglich ist, die Welt zu einer besseren, einer im wahrsten Sinn des Wortes schöneren zu machen.

Es muss wohl der Zauberspiegel gewesen sein, der dem jungen Mädchen diese Gedanken zuflüsterte, die sie in sich aufnahm, während ihre Mutter mit größter Fingerfertigkeit dieses Kleid aus jenem ganz besonderen Stoff fertigte, der imstande war, die Lüge zu entlarven.

„Schönes, fremdes Mädchen", hörte die Schneiderintochter es plötzlich sagen. Drehte sich noch einmal zum Spiegel und sah direkt in die Augen von Tsehay. „Darf ich dich um etwas bitten?" – „Natürlich, was ist es?" – „Um mich stets daran zu erinnern, dass ‚barjo' überall und in jeder Frau zu finden ist, wäre es schön, diese Puppe, die hinter dir steht, mit dieser weißen Haut, diesen roten Lippen und diesen zarten Brüsten, bei mir zu haben. Denn wenn du gleich fort sein wirst, wird dein Bild schnell verblasst sein."

„Mutter!", rief die Tochter. „Brauchst du die alte Schneiderpuppe noch oder kann ich sie verschenken?" – „Wer will *die* denn haben?", kam es aus der Werkstätte zurück. „Die wollte ich sowieso schon längst wegwerfen!"

Und weil's doch ein Zauberspiegel war, zerbrach er nicht, als die Schneiderintochter die Puppe in die Arme von Tsehay warf …

Achint Bansal
Trimbakeshwar. Maharashtra, India

Das Mädchen mit dem Stein

Pakistan

Einst lebte ein wundersamer Mann. Er war blind und saß still, fast
unbeweglich, tagein, tagaus vor seiner Hütte. Solange man denken
kann, kamen Frauen und Männer, Alte und Junge, die Klugen und die
weniger Klugen, Arme und Reiche, Edelleute und Bauern und setzten
sich zu ihm. Niemand kannte seinen Namen, alle nannten ihn nur
„Yanbue Alhumum", das bedeutet „Der Brunnen der Sorgen". Sie
setzten sich zu ihm und nach einem tiefen Ein- und einem tiefen
Ausatmen begannen sie, ihm von all ihren Sorgen zu erzählen. Seine
Stille, sein fast unbewegliches Verharren, seine Ungerührtheit trotz
des Hörens so vieler Klagen und Schmerzen, beruhigten die
Erzählenden. Es verwandelte ihre Aufregung über all die
Ungerechtigkeiten, die sie erfahren hatten müssen, und ließen sie in
einen stillen und ruhigen Gleichklang mit ihm kommen. Die Frauen
beklagten die Ungerechtigkeiten der Männer, die Alten trauerten über
die unwiederbringlichen Bilder der Vergangenheit und die Bauern
verfluchten die Götter, die ihnen Dürren und Fluten sandten. Hatten
sie ihm all ihren Ballast übergeben, standen sie erleichtert, wenn auch

ein bisschen erschöpft, auf, dankten dem Mann und kehrten in ihren Alltag zurück.

Wenn die Menschen kamen, waren sie so mit ihren Sorgen, und wenn sie gingen, so mit ihrem neu gewonnenen Glück beschäftigt, dass kaum jemand das Kind wahrnahm, das an Yanbue Alhumums Seite saß. Ebenso still, ebenso fast unbeweglich wie er, saß es da. Anders waren nur seine Augen, die so klar, so hell, so wissend waren, als würde Yanbue Alhumum durch sie zu einem Sehenden werden. Nie hatte jemand hinterfragt, ob das kleine Mädchen seine Tochter oder gar ein Engel sei, dem blinden Mann zur Seite zu stehen.

So war all den Menschen auch nie aufgefallen oder hatten sie es vielleicht als gegeben hingenommen, dass sich eine jede ihrer Sorgen in eine Träne verwandelte, die aus Yanbue Alhumums Augen langsam über seine Wangen lief. Niemand würde sich, hätte man danach gefragt, erinnern, dass das Mädchen eine Schale aus Messing in ihren Händen hielt, mit der sie eine jede einzelne Träne auffing. Und alle waren so gefangen in ihren eigenen Erzählungen, dass auch nie jemand bemerkte, wie jede der Tränen sich, sobald sie das Metall berührt hatte, in ein Steinkorn verwandelte.

War die Schüssel gefüllt mit all den zu Stein gewordenen Tränen, begann das Mädchen, das vielleicht ein Engel war, aus den kleinen Körnern ein großes Ganzes in Form eines Würfels aus Stein zu formen.

Sobald die Sonne untergegangen war, sich wieder Stille um die Hütte auszubreiten begann, Yanbue Alhumum in einen tiefen Schlaf verfiel, stand das Mädchen auf, nahm einen Stein, setzte ihn sich auf den Kopf und ging los. Sie trug ihn hinaus, vor die Tore der Stadt, an den Rand der Wüste. Sie trug ihn zu einem mächtigen Bau, der wie ein Turm in den Himmel ragte. Dort angekommen, hob sie den Stein von ihrem Kopf und legte ihn wortlos ab. Dann lief sie zurück, um den nächsten Stein zu holen. So ging das die ganze Nacht hindurch.

Mit der Sonne erwachte der blinde Mann, erwachten die Menschen, die Alten und Jungen, die Reichen und Armen, die Klugen und weniger Klugen. Sie kamen zu seiner Hütte und leerten ihre Sorgen in den Brunnen, der Yanbue Alhumum hieß. Das Mädchen fing die Tränen mit der Schale auf und sie verwandelten sich zu Tropfen aus Stein.

Draußen, am Rande der Wüste, begannen mit Sonnenaufgang andere Mädchen, vielleicht auch sie Engel, mit ihrer Arbeit. Sie nahmen die Steine, einen nach dem anderen, und stiegen auf ein Gerüst, das den Turm an seinen Außenmauern wie ein Kleid umfasste, und gingen hinauf. Und genau dort, wo sie am Vorabend Augenblicke, bevor die Sonne versunken war, den letzten Stein des vergangenen Tages gesetzt hatten, dort setzten sie den ersten Stein des neuen Tages. Rückten ihn so lange hin und her, bis er sich perfekt den anderen anpasste. Dann begannen sie mit dem Abstieg, den nächsten Stein zu holen. So hoch ragte der Turm schon in den Himmel, dass der Weg, den es brauchte, einen neuen Stein zu setzen, viele Stunden dauerte.

   Mit dem Beginn des Tages, wenn Yanbue Alhumum begann, wieder vor seiner Hütte still und bewegungslos den Menschen zuzuhören, ein Mädchen, das vielleicht ein Engel war, begann, seine Tränen mit einer Schale aus Messing aufzusammeln, Mädchenhände begannen, Steine auf die Spitze eines Turmes zu tragen, begann auch ein Strom von Menschen, an den Rand der Wüste zu kommen. Voll Ehrfurcht traten sie durch ein hohes Tor, das in das Innere des Turmes führte. Weit oben, wo die Mauern sich verjüngten, war durch die Öffnung ein Stück des Himmels zu sehen. Manchmal zogen Wolken vorüber. Und manchmal war es den Menschen, als würden sie dort oben Gestalten, vielleicht waren es Engel, wahrnehmen. Vlele von ihnen waren erst gestern vor der Hütte Yanbue Alhumums gesessen und waren nun hierhergekommen, dem Himmel dafür zu danken, dass sie von ihren Sorgen befreit worden waren.

Die wunderbare, geheimnisvolle Stille, die jeden umfing, sobald er den Raum betrat, erinnerte sie an die Stille, die Yanbue Alhumum umgibt, wenn er zuhört, und die es wohl auch ist, die Herzen öffnet, um die Sorgen, die schwer am Herzen liegen, in Worte gefasst, heraustreten zu lassen. Und niemand ahnte, dass es ihre eigenen Sorgen waren, die ihren Teil zur Errichtung dieses unglaublichen Bauwerkes beigetragen hatten ...

So sind die Menschen ständig und ohne Unterlass auf der Suche nach einem Ohr, dem sie sich anvertrauen können. Und nach Türmen, die ihnen ein Stück neugewonnenen Himmels zu schenken imstande sind. Und so befreit kehren sie stets und immer wieder in diesen wundersamen Kreislauf des Lebens zurück: der Sorgen bereithält.
Und sie auch wieder nimmt.

Der Junge, der fliegen konnte

Marokko

Der Unfall war vor ein paar Wochen geschehen. Als Aryun nach der Notoperation erwachte, seine Augen aufschlug, empfand seine Familie größtes Glück, dass sein Leben gerettet worden war. Als ihnen aber die Ärzte wenig später eröffneten, dass die Chancen sehr gering seien, dass ihr Sohn jemals wieder auf seinen Beinen stehen, geschweige denn gehen wird können, brach eine Welt zusammen – zu ihrer Armut kam nun auch noch ein Kind, das von heute an der Sorge und der Hilfe bedurfte.

An jenem Tag hatte, ganz spontan, ohne nachzudenken, Dhruti, Arjuns große Schwester, zum ersten Mal gesagt: „Dann wird er eben fliegen!" War sie zuerst dafür geschimpft, weil es doch wie Hohn klang, wie das Eingeständnis von Hoffnungslosigkeit, je wieder gehen zu können, war sie später belächelt worden, weil Dhruti, mit sich steigender Ernsthaftigkeit, diesen Satz wiederholte, immer und immer wieder, sodass bald die ganze Familie, vor allem aber Aryun, an ein solches Wunder zu glauben begann.

Dieser Satz wurde zu ihrer aller Motivation. Den Jungen tagein, tagaus auf seine lahmen Beine zu stellen, ihm einen Fuß vor den anderen zu setzen, nicht nachzulassen, nicht aufzugeben, auch wenn er zum hundertsten Mal stürzte. Dhruti, fast selbst noch ein Kind, opferte sich für ihren Bruder mit fast unmenschlicher Hingabe auf, dass bald halb Chefchaouen über diese außergewöhnliche Geschwisterliebe sprach.

Dann geschah das erste Wunder, viele Monate nach dem Tag, der Aryuns Leben schlagartig verändert hatte: Er konnte zum ersten Mal alleine, ohne Hilfe, für einen kurzen Moment, auf seinen eigenen Beinen stehen! Es war in der Gasse in der Nähe ihres Hauses geschehen. Dhruti schrie so laut auf, dass die ganze Nachbarschaft zusammengelaufen kam, um zu sehen, was Schlimmes nun wieder passiert sei – und sahen einen strahlenden Aryun, der wie ein Held, stolz wie ein Monument dastand! Die Nachbarn brachten Essen, brachten Getränke und es gab eine Feier, als hätte jemand Geburtstag oder wäre ein Kind geboren. Irgendwann an diesem denkwürdigen Tag, zwischen Gelächter und Gesängen, zeigte jemand beiläufig auf eine seltsame Zeichnung auf der Wand um die Ecke ihres Hauses: eine Hand, wie eine Hamsa, auf die blaue Wand gedrückt. Einige sagten, sie sei schon immer da gewesen, andere schworen, sie da noch nie gesehen zu haben.

Bei Sonnenuntergang, als alle nach Hause gingen, Dhruti stolz wie noch nie zuvor ihren kleinen Bruder ins Haus trug und zu Bett brachte, war die Hand längst wieder vergessen …

Aryun und Dhruti waren von diesem, ihrem ersten Erfolg so überwältigt, dass nun ein geradezu besessener Kampf gegen das unmöglich Scheinende begann: Die große Schwester holte sich Rat bei Ärzten und Therapeuten, sprach mit Menschen, denen Ähnliches widerfahren war und setzte all dies mit immer neuen Übungen in deren beider Arbeit ein.

Bereits wenige Wochen nach dem ersten folgte das nächste kleine Wunder: Aryun konnte sich aus eigener Kraft aus einem Sessel hochziehen und stehen! Wieder kamen alle, Verwandte, Nachbarn zusammen, um zu feiern, und nebenbei fragte einer von ihnen, was die beiden Hände auf der Hausmauer zu bedeuten hätten.

Die Erfolge stellten sich nun nicht mehr in Wochenschritten ein, der wundersame Prozess beschleunigte sich auf ein nicht für möglich gehaltenes Tempo: Aryuns erste Bewegung seines rechten Beines bewirkte, dass sein Fuß ein paar Zentimeter nach vorne rückte. Bereits am nächsten Tag konnte er das Gleiche mit dem linken Bein wiederholen, sodass die Füße nach zwei Bewegungsabläuten wieder parallel standen. Und wieder war jemand da, dem noch etwas anderes aufgefallen war: „Was hat es mit den vier Händen an der Wand auf sich? Ich erinnere mich, dass es vor ein paar Tagen doch nur zwei gewesen waren ...“

Als nach einigen Wochen schon zehn Hände auf der Wand sichtbar waren, waren diese seltsamen, geheimnisvollen Zeichen bereits zum Gespräch in der Umgebung geworden, aber niemand hatte eine Erklärung dafür. Eines Tages blieb auch Dhruti auf ihrem Nachhauseweg vor ihnen stehen und betrachtete zum ersten Mal ganz bewusst diese zehn Hände gleicher Größe. Sie versuchte, sich an alles zu erinnern, was sie von ihrem Erscheinen gehört hatte, ihr erstes Auftauchen, die weiteren – als sie plötzlich loslief, um die Ecke, in ihr Haus und aufgeregt das Heft mit ihren Aufzeichnungen hervorholte. Das Heft, in dem sie jeden kleinsten Schritt des Wunders akribisch vermerkt hatte. Sie zählte und zählte noch einmal und ließ dann das Heft vor Schreck fallen, geradeso als würde es sich mit einem Mal glutheiß anfühlen: Heute Morgen hatte sie Arjuns zehnten Fortschritt vermerkt gehabt ...

Noch erzählte sie niemanden von ihrer Entdeckung, es könnte sich ja auch um einen reinen Zufall handeln. Nun fieberte sie der nächsten geplanten Übung entgegen, ja sie trieb ihren kleinen Bruder mit solchem Nachdruck an, dass der – erstmals – sich beklagte, sagte, er könne nicht mehr, sie müsse mehr Geduld mit ihm haben. Dann kam der nächste große Tag: Arjun steht aus dem Sitzen auf, macht drei Schritte, dreht sich um und kehrt wieder zum Stuhl zurück. Geschafft. Im Heft vermerkt. Dhruti legt das Heft auf den Tisch. Noch zögert sie, zur Tür zu gehen, hinaus auf die Straße, um die Ecke. Zu verrückt ist, was da in ihrem Kopf gerade vor sich geht. Dann rennt sie los, zur blauen Wand, bleibt vor ihr stehen, schließt noch die Augen. Macht sie langsam auf – so als hätte sie Angst, die Tür zu einem gleißenden Himmel zu öffnen, nicht geblendet zu werden – und zählt die Hände: Es sind elf!

Dhruti kann nicht mehr denken. Sie tritt einen Schritt zurück und starrt auf die elf Hände.

Sie läuft, ohne anzuhalten, in die Moschee. Wirft sich vor die Füße des kleinen Altars, vor dem sie mit ihren Eltern und Geschwistern immer beten. Sie liegt dort und starrt auf die Mauer, die Wächter, so als würde sie sich von ihnen eine Antwort auf das Unglaubliche erhoffen. Weiß, dass man sie wieder auslachen wird, wie damals, vor Monaten, als sie zum allerersten Mal diesen Satz gesagt hatte: „Dann wirst du eben fliegen!"

Plötzlich entdeckt sie etwas an einer vom Ruß einer Öllampe geschwärzten Wand an der Hinterseite des Altars: Gespannt von einem Nagel zu einem anderen, hängt dort eine Kette mit … kleinen Händen! Völlig außer sich über diese Entdeckung will sie schon über die Absperrung zu dieser Wand klettern, wird aber im letzten Moment von einem der Wärter ziemlich schroff zurückgehalten. „Bist du verrückt?", zischt er, um die Betenden nicht zu stören. „Was willst Du?"

„Was ist das für eine Kette dort?", fragt sie mit zitternder Stimme. Inzwischen sind zwei Imane wegen des Tumults herbeigekommen, fragen, was denn los sei. Dhruti kann nichts sagen, zeigt nur auf die Kette, die kaum wahrnehmbar, weil so klein ist und weil sie im Finsteren hängt. Die beiden Imane steigen über die Balustrade zur Kette, schauen sie vorsichtig an, flüstern sich etwas zu, schütteln den Kopf. Dann reißt der eine die Kette von der Wand und wirft sie Dhruti vor die Füße. „Die gehört nicht hierher! Hast du sie hier aufgehängt?", fragt der andere streng. Das Mädchen schüttelt den Kopf, verneigt sich tief vor den beiden heiligen Männern, nimmt die Kette und rennt aus dem Tempel. Sie rennt so schnell, wie sie noch nie zuvor in ihrem Leben gerannt war, bis zur blauen Mauer, wo sie stoppt. Sie öffnet ihre Hand und hebt die Kette, als wäre es der größte Schatz, vorsichtig hoch, um sie genau zu betrachten. Und natürlich – die kleinen Hände zu zahlen: Es sind 23!

„Dreiundzwanzig", murmelt Dhruti immer wieder vor sich hin. „Warum sind es dreiundzwanzig? Was hat das zu bedeuten?"

Dhruti erzählt niemandem von ihrem Geheimnis, es würde ihr sowieso niemand glauben. Nun aber arbeitet sie noch härter mit ihrem kleinen Bruder, der kaum noch zur Ruhe kommt über all den Übungen, den Aufgaben und auch den Rückschlägen. Als Nummer 13 wird sie in ihrem Heft notieren: Aufstehen, 18 Schritte zum Tisch und wieder zurück mit Hinsetzen. Auf der Wand sind jetzt 13 Hände zu sehen. Die lokale Zeitung berichtet zum ersten Mal über die „Wand des Wunders" – ohne einen Jungen, der sich ein paar Meter weiter unermüdlich durch die Straßen schleppt, zu erwähnen.

Erfüllte Aufgabe Nummer 17: Arjun steigt zum ersten Mal auf eine Treppe. Mit beiden Beinen. Vor der Wand haben Menschen einen kleinen Altar aufgebaut, Menschen bringen Kerzen, um den 17 Händen zu huldigen. Die ersten Fernsehstationen zeigen Bilder aus Chefchaouen.

Genau 6 Monate nach dem verhängnisvollen Tag schreibt Dhruti mit tränendurchnässten Augen: „Unsere Straße war heute völlig verstopft. Als würde der Präsident erwartet. Aber es war Arjun. Er ist heute das erste Mal nicht nur gegangen, sondern ein paar Schritte gelaufen. Sogar der Arzt, der ihn operierte, war da, weil er es nicht glauben konnte. Alle Nachbarn, die gesamte Verwandtschaft war da und hat gejubelt. Es ist mein 21. Eintrag. Ich kann kaum noch schlafen. Mein Herz schlägt wie wild, wenn ich an die Kette mit ihren 23 Händen denke. P.S.: Die Polizei musste heute die Straße bei der blauen Wand sperren, so ein Gedränge gibt es dort. Niemand ahnt, niemand weiß, dass das Wunder der Wand und das Wunder Arjuns miteinander verbunden sind."

Seine zweiundzwanzigste Aufgabe erfüllt Arjun nicht unter der Aufsicht seiner großen Schwester, sondern in der Schule, die er seit 2 Wochen wieder besuchen kann: Im Sportunterricht hält die Klasse und vor allem seine Lehrerin den Atem an, als Arjun verkündet, dass er ihnen allen nun zeigen will, wie er springen kann. Noch bevor die Lehrerin „Nein!" schreien kann, ist er schon angelaufen und ist einen Meter in die Sandgrube gesprungen.

Eine CNN-Reporterin erzählt vor der blauen Wand mit bleichem Gesicht, dass sie schwören kann, dass sie vor einer halben Stunde, als sie hier die Kameras aufgebaut hatten, 21 Hände gezählt hätte – jetzt sind es 22!

„Komm", flüstert Dhruti und weckt ihren Bruder, „ich muss dir etwas erzählen!" Sie weiß, dass sie ihn endlich in ihr Geheimnis einweihen muss. Sie nimmt Arjun bei der Hand und sie gehen hinaus auf die Straße. Sie biegen um die Ecke und stehen vor der blauen Wand. Es ist ganz still und noch menschenleer. „Schön, diese Hände", sagt Arjun. „Sie sehen aus wie Hamsas, die Hand der Fatima, um den Menschen Zeichen zu geben."

„Ja", antwortet Dhruti, „das glaube ich auch. Sie kniet sich zu ihm und erzählt ihm die ganze Geschichte. „Schau, es sind zweiundzwanzig Hände und zweiundzwanzig Aufgaben haben wir schon erfüllt, ich glaube, dass noch eine auf uns wartet." Wie ein Kind eben ist, scheint diese fantastische Geschichte ihn gar nicht sonderlich zu beeindrucken. Lachend beginnt er, die Hände zu zählen. „Aber da sind dreiundzwanzig", sagt er. – „Das gibt es nicht!" Dhruti zählt aufgeregt nach, einmal, zweimal. Plötzlich drückt Arjun seine Schwester an sich, ganz fest und sagt: „Erinnerst du dich an unseren Satz? Ich habe ihn lange nicht mehr gehört. Aber er pocht und schlägt unaufhörlich wie mein Herz in meinem Kopf. ER ist doch unser Ziel, oder?" Dann reißt sich Arjun los und so, wie er es tausendfach geübt hatte, hebt er seine Füße und seine Beine, um loszurennen. Als er plötzlich abhebt und ein paar Zentimeter über der Erde dahinschwebt – als würde er fliegen wie ein Vogel …

Christophe Boisvieux

The Yangon (Rangoon) train. Mandalay, Myanmar

Der Zug

Myanmar

Der Vater war nach Verstreichen der 24-Stunden-Frist zu Shin Thura, dem Mönch des Klosters in der Nähe des Dorfes, gekommen und hatte die Geburt seines Sohnes angezeigt. „Morgen werde ich dir seinen Namen mitteilen können", hatte der Mönch gesagt und sich sofort an die Arbeit gemacht. Ein komplizierter Prozess begann: Aus seiner Geburtsstunde, es war Mittwoch um 9:00 vormittags gewesen, der an diesem Tag herrschenden Planetenkonstellation und unter Einbeziehung komplizierter, buddhistischer Gesetze wird der Name des Jungen erstellt, wie ein erstes Kleid, das er übergezogen bekommt und etwas über sein Wesen, seinen Stand und seine Herkunft erzählt.

In einer kleinen Zeremonie in Anwesenheit der ganzen Familie schrieb der Mönch am Freitag bei Sonnenaufgang auf das Zata, das Palmblattmanuskript, das als Geburtsschein dient, den Namen des Neuankömmlings: Minh Wahue. Es bedeutete: der an einem Mittwoch geborene Junge, der nach weit weg strebt.

Minh Wahue wuchs in einem kleinen Dorf in der Nähe von Hopin im Norden Myanmars auf. In seinen ersten drei Lebensjahren hielt er sich ausschließlich, wie die meisten der Kinder, im Dorf und rund um die Hütte seiner Familie auf. Er war ein ganz normales Kind gewesen. Fast – denn da gab es etwas, was man außergewöhnlich hätte nennen können, wäre es jemandem aufgefallen: Während die anderen Kinder mit den üblichen Spielen beschäftigt waren, hatte Minh Wahue für sich etwas ganz Eigenes erfunden. Er bastelte sich aus allen möglichen Resten kleine Würfel, verband diese mit Dornen, kleinen Ästchen und Halmen, sodass sie in akkuraten Abständen von ein paar Zentimetern zusammenhingen, stellte an deren Spitze einen größeren Würfel und zog dann dieses seltsam anmutende Gebilde vorsichtig über den Boden. Begleitet dabei von einem Geräusch, das wie der Ruf eines Vogels klang. Diese Gebilde waren sein ganzer Schatz. Jeden Tag baute er sich ein neues, immer größeres und besonderes dieser Gebilde und erst jetzt fiel es seinen Eltern auf, weil sie immer mehr Platz in und um die Hütte beanspruchten. Auf ihre Frage, was das denn sei, zuckte Minh Wahue nur mit den Schultern und sagte: „Nur sowas."

Dann kam der Tag, der sein Leben verändern sollte: Wegen einer bürokratischen Angelegenheit mussten die Eltern in die Stadt, nach Hopin, fahren. Und weil es das Schicksal so wollte, fassten sie kurz vor ihrer Abreise den Entschluss, entgegen den üblichen Gewohnheiten, ohne rationale Erklärung, einer Eingebung folgend, Minh Wahue mitzunehmen. Unfassbar stolz und glücklich und völlig aufgeregt stieg der Vierjährige mit den Eltern in den Bus und zum ersten Mal in seinem Leben verließ er sein Dorf. Jedes Gebäude, das anders aussah als die, die er kannte, jedes Auto, jedes Motorrad, die Pferde, Kühe, Esel, die am Fenster des Busses vorbeiflogen, alles erweckte seine Aufmerksamkeit – er konnte sich vor Aufregung über all diese neuen Eindrücke gar nicht beruhigen. Aber das war nichts gegen das, was dann passierte: Der Bus war mitten auf der Strecke stehen geblieben. Zuallererst hörte Minh Wahue ein Läuten und dann plötzlich ein Geräusch, das ihn so elektrisierte, dass er hochsprang und, ehe ihn seine Eltern festhalten

konnten, nach vorne zum Fahrer lief, um eine bessere Sicht zu haben. Dieses Geräusch! Es war genau dasselbe, das er in seinem Spiel immer gemacht hatte, ohne zu wissen, warum. Und dann sah er es: Begleitet von einer weißen Wolke kam ein riesiges Ungetüm angefahren, kam immer näher, knapp vor Erreichen des Busses gab es ein unglaublich lautes Pfeifen von sich und dann rollte es langsam vorüber. Der Busfahrer musste lachen, als er den Kleinen mit weit aufgerissenem Mund, am ganzen Körper zitternd, neben sich stehen sah und den Zug anstarrte, als wäre der ein Wunder. Minh Wahue starrte und folgte schweigend mit seiner Hand dem Ungetüm, dessen Schwanz nicht enden zu wollen schien. Als der letzte Waggon vorüber war, wiederholte er mit leiser, kaum hörbarer Stimme immer wieder: „Was war DAS?" – „Minh", lachte der Fahrer, „das war ein Zug! Das kennst du doch? Oder hast du etwa noch nie eine Lokomotive gesehen?"
Minh Wahue schüttelte den Kopf und starrte dem Zug nach, von dem bald nur noch der weiße Rauch zu sehen war. Sein Vater kam und holte ihn zurück an seinen Platz. Bis zum Erreichen der Stadt, und das war vielleicht eine Stunde Fahrt, redete und fragte der Kleine so viel, wie er in vier Jahren nicht geredet und nicht gefragt hatte. Und es drehte sich alles nur um eines: um den Zug! Langsam begannen die Eltern zu verstehen: Diese seltsamen Gebilde, die ihr Kind seit einem Jahr gebastelt hatte, die seltsamen Geräusche, die er von sich gegeben hatte, das waren Züge gewesen! Aber woher, und es beschlich beide so etwas wie ein bisschen Angst, woher konnte er dieses Wissen haben, wo er doch noch nie zuvor einen Zug gesehen oder gehört hatte?
Vollends um Minh Wahue geschehen war es, als der Bus in der Stadt ankam: Die Endstation lag direkt neben dem Bahnhof! Das Kind geriet in eine derartige Verzückung, dass die Eltern schon meinten, es hätte einen epileptischen Anfall – er war nicht mehr zu bändigen. Ein mitgereister Nachbar, der schon die ganze Zeit diese außergewöhnliche Situation beobachtet hatte, bot an, dem Jungen den Bahnhof zu zeigen,

solange bis die Eltern ihre Aufgaben erledigt hätten. – Der Himmel auf Erden brach für Minh Wahue an: Fast drei Stunden durfte er auf den Bahnsteigen, im Gebäude, ganz nahe an den Zügen verbringen. Elendslange Lastzüge fuhren ein, völlig überfüllte Personenzüge fuhren ab und er konnte kaum atmen, als der Nachbar, nachdem er mit einem Mann in Uniform ein kurzes Gespräch geführt hatte, ihn in einen leeren Waggon hob und ihn aufforderte, doch einmal hindurchzugehen. Als würde er einen Tempel betreten, schritt Minh Wahue ehrfürchtig durch den Gang, betastete die Holzbänke als wären es Heilige und setzte sich am Schluss an ein Fenster – von dort winkte das glücklichste Kind der Welt!

Von diesem Tag an gab es in Minh Wahues Leben nur noch eines: die Eisenbahn! Seine selbst gebauten Züge nahmen eine derart realistische Gestalt an, dass die Dorfbewohner kamen, die Waggons und Lokomotiven zu bestaunen, die er aus Hölzern, alten Büchsen, aus Draht und Stroh entstehen ließ. Sogar die Mönche des nahen Klosters wurden auf die ungewöhnliche Leidenschaft ihres Schützlings aufmerksam. Unbeschreibliches spielte sich ab, als Shin Thura, der Mönch, der Minh Wahue seinen Namen gegeben hatte, an dessen 6. Geburtstag zur Hütte kam und ihm feierlich, als Geschenk Buddhas, wie er es nannte, einen Spielzeugzug, gefertigt aus Holz und Eisen, brachte. Minh Wahue schrie so laut, tanzte so verrückt, dass das ganze Dorf gelaufen kam zu sehen, was passiert war.

Seine Züge waren aber inzwischen weit mehr als ein Spiel geworden: In der Schule lernte er mit unglaublichem Enthusiasmus, Konzentration und Willen. Mühelos übersprang er eine Klasse. Er wolle doch, sagte er, so rasch wie möglich lesen und schreiben und rechnen lernen. Er müsse doch, sagte er, Fahrpläne und Anleitungen lesen können, denn natürlich wolle er, so rasch es nur möglich wäre, ein Lokomotivführer werden.

Irgendwie – wenn das Schicksal selbst die Wege leitet, muss man nicht nach rationalen Erklärungen fragen – musste es sich bis nach

Hopin herumgesprochen haben, dass es da ein Kind mit außergewöhnlichen Fähigkeiten und vor allem einer ebensolchen Leidenschaft gäbe, denn der nächste Höhepunkt auf Minh Wahues Weg nach „Weit weg" wartete schon: Ein Wagen kam angefahren, ein Mann stieg vor seiner Hütte aus und fragte nach dem Vater. Nach einer kurzen Unterredung rief der seinen Sohn zu sich und sagte, dieser Herr sei von der Myanma Railways, der Eisenbahngesellschaft. Sie würden ihn einladen, einen Tag lang nach Hopin auf den Bahnhof zu kommen. Auch dürfe er mit ein paar lokalen Bahnen mitfahren. Am Abend würde er wieder zurückgebracht werden. So sollte ein weiterer glücklichster Tag seines Lebens beginnen ...

Minh Wahue war nun zehn Jahre alt. Er ging gemeinsam mit Dreizehnjährigen in die Schule, er konnte jeden der 609 Bahnhöfe Myanmars aufsagen. Er wusste, wie viele dampfbetriebene und wie viele elektrische Lokomotiven gerade in Betrieb waren. Er wusste, dass 701 Kilometer des Schienennetzes zweigleisig ausgebaut waren, der Rest, 5.386 Kilometer, einspurig, was massive Auswirkungen auf den Fahrplan zur Folge hatte. Minh Wahue wusste Dinge, von denen die Erwachsenen in seinem Dorf, inklusive der so gelehrten Mönche im Kloster, nicht einmal ahnten, was sie bedeuteten. Seine völlige Hingabe war zu einer Art Sucht geworden, es gab nichts anderes mehr in seinem Leben, Tag und Nacht lebte und träumte er seinen Traum von der Eisenbahn.

Dann geschah das für alle völlig Unerwartete: Als seine Mutter ihn bei Sonnenaufgang wecken wollte, wie jeden Morgen, fand sie sein Bett leer. Weil sie jedoch dachten, er hätte sich vielleicht schon sehr früh auf den Weg zur Schule gemacht, machten sie sich noch keine allzu großen Sorgen. Als er auch am Nachmittag nicht nach Hause kam, wurden die Eltern besorgt. Sie liefen zur Schule und erfuhren von seiner Lehrerin, dass er heute nicht zum Unterricht erschienen war. Nun begann die große Suche, an der sich das ganze Dorf beteiligte. Aber keine Spur von Minh Wahue. Jemand fuhr mit seinem Moped zur nächsten Polizeistation, um das Verschwinden des Kindes zu melden. Wenig später wurde eine groß angelegte Suchaktion gestartet. Auch Shin Thura, der Mönch, kam aufgeregt in die Hütte der Familie. „Wir müssen nach Hopin. Zum Bahnhof. Das ist der einzige Ort, der ihn interessiert. Vielleicht hat er seiner Sehnsucht und seiner Leidenschaft nicht mehr widerstehen können."

Gleich am nächsten Morgen fuhr ein Polizeiwagen, gemeinsam mit dem Vater und dem Mönch, in die Stadt. Dort wurde das gesamte Gelände, jede Remise, jedes Gebäude, jeder Schuppen durchkämmt, aber Minh Wahue blieb wie vom Erdboden verschluckt. Zu fragen, ob jemand einen Zehnjährigen gesehen hätte, war sinnlos – zehntausende Menschen kommen an und fahren ab, da hatte keiner ein Auge für einen kleinen Jungen.

Zwei Tage nach seinem Verschwinden erschien die erste Notiz in einer Zeitung über das außergewöhnliche Kind. Gleich darauf traf eine Reporterin einer größeren Zeitung im Dorf ein und erfuhr die ganze Geschichte. Man zeigte ihr die Züge, die er gebaut hatte. Sie fotografierte die Fahrpläne, die er mit der Hand abgeschrieben hatte und seine Skizzen von Lokomotiven und Waggons. Diesen ganzseitigen Bericht las auch ein Redakteur der nationalen Fernsehstation. Ein Team kam und interviewte die Eltern, den Mönch und seine Lehrerin. Am nächsten Tag kannte jeder im Land die Geschichte von Minh Wahue.

Irgendwann klingelte es in einer Polizeistation. Ein Mann sagte, dass er heute in einem Zug von Ye nach Dawei gefahren und ihm ein kleiner Junge, so ungefähr 10 Jahre alt, aufgefallen war. Der wäre alleine an einem Fenster in seinem Abteil gesessen. Er war mit ihm ins Gespräch gekommen. Er hatte ihm nicht sagen wollen, wie er heiße, noch woher er komme, aber er hätte ihm fantastische Geschichten von Eisenbahnen erzählt. Dieses Kind hätte ein unglaubliches Wissen über Züge und Lokomotiven und Fahrpläne gehabt. In Dawei hatte er aussteigen müssen, mit einem seltsamen Gefühl, dass mit diesem Jungen etwas nicht stimme. Er wisse es nicht genau, aber glaube, dass das Kind ebenfalls den Zug verlassen hätte.

Umgehend wurde der Bahnhof von Dawei verständigt und alle verfügbaren Beamten machten sich auf die Suche nach dem beschriebenen Jungen. Fünf Minuten vor der planmäßigen Abfahrt des Zuges 7865 von Dawei nach Thayetchaung wurde Minh Wahue in einem Zugabteil, am Fenster sitzend, aufgegriffen. Die Beamten berichteten, der Junge sei keineswegs überrascht gewesen, sei glücklichst dagesessen und wäre anstandslos mitgekommen mit den Uniformierten der Myanma Railways. Später, im Büro des Direktors, wo sich auch fast alle Mitarbeiter versammelt hatten, um den kleinen Star kennenzulernen, hätte er nur gesagt, er freue sich schon auf seine Rückreise mit dem Zug nach Hopin. Dann begann er, alle Bahnhöfe auf dieser Route aufzuzählen, alle Züge, in die er umzusteigen hätte samt Ankunfts- und Abfahrtszeiten. Am Ende seiner Ausführungen sprangen alle im Büro auf und klatschen begeistert und ließen den kleinen Jungen aus einem Dorf im Norden hochleben.

Für die 1.456 Kilometer lange Strecke von Hopin nach Dawei hatte Minh Wahue inklusive Umsteigen insgesamt 77 Stunden gebraucht. Vor den Schaffnern hätte er sich in den Toiletten oder unter den Bänken versteckt. Mit Essen und Trinken hätten ihn freundliche Mitreisende überhäuft, sobald er von Eisenbahnen zu erzählen begann. Angst hätte er nie gehabt, auch nicht im Nachtzug von Phyu nach Yangon. Sein schönstes Erlebnis wäre das auf der Strecke von Mawlamyine nach Mudon gewesen. Da hätte ihn der von seinem Wissen völlig begeisterte Schaffner nach vorne zum Lokführer gebracht, wo er die ganze Strecke die Lokomotive hatte steuern dürfen. Sogar die Einfahrt in einen Bahnhof. Der sehr klein gewesen war.

Zu seiner eigenen großen Überraschung wurde Minh Wahue bei seiner Rückkehr in das Dorf und zu seiner Familie nicht geschimpft und gestraft, im Gegenteil, es wurde zwei Tage lang ein riesiges Fest gefeiert. Der Höhepunkt war der Besuch des Generaldirektors der Myanma Railways, der ihm als Geschenk eine Uniform, extra für ihn geschneidert, brachte. Und seinen Eltern mitteilte, dass für ihren Sohn, sobald er die Schule abgeschlossen hätte, aber zumindest müsse er sechzehn Jahre alt sein, bereits eine Arbeitsstelle auf ihn warte.

Auch Shin Thura, der Mönch, lächelte zufrieden, weil er für den Jungen den richtigen Namen gefunden hatte: der an einem Mittwoch geborene Junge, der nach weit weg strebt …

Alexandre Sattler
Tibetan girl. Nepal

Tensin

Tibet

„Ich liebe dieses Foto", sagte Jessica und zeigte auf das Bild, das auf einem Regal hinter dem Schreibtisch im Schwesternzimmer stand. „Ja, kaum zu glauben, dass ich das war", antwortete Tensin, „und dass es vor kaum 10 Jahren aufgenommen worden war."

„Ich bin so unglaublich stolz auf dich", und Jessica umarmte sie. „Was aus dieser einfachen, wilden Ursprünglichkeit, die dieses Bild und du ausstrahlen, geworden ist. Eine starke, so fantastische Persönlichkeit." – „Und beide, die im Bild und die jetzt vor mir steht", fügte sie noch lachend hinzu, „nehmen einen sofort gefangen. Damals im Restaurant genauso wie heute!"

„Was machst du hier?", fragte Tensin. „Mein Dienst geht noch bis zum Abend."

„Ich wollte dir nur das hier bringen" – und Jessica überreichte ihr einen Briefumschlag. „Darauf hast du doch solange gewartet. Mach ihn erst auf, wenn ich gegangen bin. Salü, bis morgen!"

Tensin nahm den Brief in die Hand und setzte sich auf den Bürostuhl. Sie atmete tief ein und schloss ihre Augen. Und als wäre der Stuhl eine Zeitmaschine, die mit seinem langsamen Drehen die Jahre zurücklaufen lassen konnte, landete sie mit Ende der Drehung bei dem Bild, öffnete ihre Augen und war mit einem Mal wieder dieses Mädchen, Tensin, geboren und aufgewachsen im Hochland Tibets ...

Kunchok, ein Freund meines Vaters, kommt völlig außer Atem die steile Straße zu unserem Hof gelaufen und sagt, in ein paar Stunden würde ein Transport mit Kindern losmarschieren, über die Berge. Und er verhandelt hätte, dass man mich dieses Mal mitnehmen würde. Ich höre es und klammere mich an meinen Vater. Flüstere: „Ich will nicht, ich will nicht." – „Ich weiß, meine kleine Tensin", sagt er sanftmütig, „aber ich weiß einfach nicht mehr, wie ich euch satt bekommen soll. Wie soll ich fünf Kinder ohne Mutter aufziehen? Du bist die Älteste, du bist die Klügste, du sollst es besser haben. Denk an die Worte unseres Dalai Lama, dass man auf dem Weg zum Glück auch Schmerzen zu ertragen hat." Ich weine, aber verstehe, was mir seine Worte sagen wollen. Als meine kleinen Geschwister kommen und mir schweigend ihre Ration Essen in die Hand drücken und mich küssen, ist die Entscheidung gefallen. „Ich gehe, Vater", sage ich, „und ich werde wiederkommen. Mit viel Essen in meinem Gepäck." Kunchok meint, ich könne nur einen kleinen Sack mit dem Notwendigsten mitnehmen, denn die Reise würde sehr anstrengend werden. Als die Sonne untergegangen war, marschieren wir los. Zuerst in das nächste Dorf, wo wir auf eine kleine Gruppe von Kindern treffen, neun sind wir insgesamt. Ein großer, hagerer Mann wird uns vorgestellt. „Das ist Gongpo. Er wird euch über die Berge führen. Vertraut ihm, er steht unter dem Schutz des Dalai Lama. Besonders wichtig aber: Gehorcht ihm!" Wir lauschen, wir halten den Atem an, wir wissen nicht, was das alles bedeutet. Knapp vor Mitternacht gehen wir los. Niemand verliert ein Wort über Müdigkeit oder Schwäche. Wir alle ahnen: Der Weg zum Glück bereitet Schmerzen ...

Als die Sonne aufgeht, zieht uns Gongpo in eine Höhle – es scheint, als kenne er jeden Stein dieses Weges. „Legt euch nun schlafen. Wenn ihr aufwacht, werden wir etwas essen und bei Sonnenuntergang werden wir weitergehen." So sollte es die nächsten Tage werden. Jeden Tag das Gleiche. Wir reden kaum etwas miteinander, auch Gongpo sagt nichts und wir wagen auch nicht, ihn anzusprechen. Obwohl wir Kinder sind, der Jüngste noch nicht einmal zehn Jahre alt, ist ein jeder von uns hochkonzentriert, ist sich ein jeder bewusst, was dieser Marsch bedeutet. Und später erst sollte ich erfahren, was es für Gongpo bedeutet hätte, wenn die Chinesen ihn mit uns erwischt hätten – sie hätten ihn sofort erschossen.

In der sechsten Nacht durchqueren wir gerade ein Schneefeld, als Gongpo stehen bleibt, uns um sich schart und zum ersten Mal lächelt. Er fordert uns auf, einen Kreis zu bilden, uns zu umarmen, er kniet sich nieder, um auf gleicher Höhe mit uns zu sein. „Sagt unserem Tibet ‚Auf Wiedersehen'. Blickt noch einmal dorthin zurück. Denn mit eurem nächsten Schritt beginnt euer Weg zum Glück. Mit dem nächsten Schritt werden wir Indien erreichen. Der nächste Schritt bedeutet Freiheit. Der nächste Schritt bringt euch dem Dalai Lama näher." Dann beginnt er, ein Gebet zu sprechen und einen wunderschönen Gesang anzustimmen, ganz leise. Es ist eine unglaubliche Szene, wie ich sie nie vergessen werde, die mich seitdem stets und immerzu begleitet – in meinen Träumen und in meinen Gedanken: Mitten in der Finsternis, umgeben von nichts als Schnee auf einem hohen Berg, spüren wir alle, dass nun etwas Neues, etwas Unglaubliches beginnen würde. – Noch vor Sonnenaufgang erreichen wir eine verlassene Jurte. „Hier ruhen wir uns ein bisschen aus", sagt Gongpo nun völlig entspannt, „bevor es zum Abstieg geht."

Drei Tagesmärsche sind wir unterwegs, dann erreichen wir eine Stadt. Mussoorie. Zum ersten Mal sehen wir alle eine richtige Stadt. Zum ersten Mal sehen wir ein Geschäft. Mit einem Glasfenster und lebensgroßen Puppen, die Kleider tragen. Gongpo muss lachen über unser fassungsloses Staunen. Wir staunen über die vielen lärmenden, hupenden Autos. Über die vielen Menschen. Über die Frauen, die kurze Röcke tragen. Jungs, die rauchen. „Kommt", sagt Gongpo, „ich habe eine Überraschung für euch!" Und er führt uns in ein Restaurant. Zum ersten Mal sitzen wir Kinder in einem Restaurant! „Und jetzt essen wir, bis wir platzen", lacht er. Und mit einem Mal wissen wir alle, was „Der Weg zum Glück" wirklich bedeutet: Wir können diese Worte plötzlich „spüren". Wir lachen, wir stopfen uns alles, was auf den Tisch kommt, in den Mund. Wir tanzen und wir singen und ich kann mich erinnern, dass wir nicht verstehen können, warum Gongpo, der große, hagere und so stille Gongpo, plötzlich zu weinen beginnt. Heute weiß ich es: Er weinte vor Glück!

Er sagt, wir sollen uns setzen. Er hätte uns jetzt etwas Wichtiges mitzuteilen. In einer Stunde würden wir in unserem neuen Zuhause ankommen. Es wäre ein Dorf, wie die, aus denen wir kamen. Jedes Kind würde in ein anderes Haus ziehen, gemeinsam mit anderen Kindern, die dort schon lebten. Und es gäbe eine „Mutter", die für uns sorgen würde. Wir würden zur Schule gehen und vieles lernen. Alles lernen, was für unseren Weg zum Glück notwendig wäre. Wir hören still zu. So wie wir Gongpo still gefolgt waren durch die Berge. Und so wie dieses Restaurant für uns schon jetzt nichts als Glück bedeutet, wissen wir, dass auch dieses Dorf und seine Häuser und die Mütter es sein werden. Denn nun kennen wir alle dieses Wort, dieses wunderbare Wort, von dem der Dalai Lama gesprochen hatte …

Jetzt erst sehen wir, dass an einem Tisch in einer Ecke des Restaurants Menschen sitzen, die ganz anders aussehen als alle Menschen, die wir bisher gesehen hatten. Ihre Haut ist fast weiß und einige haben Haare, die wie gelbe Blumen glänzen. Eine Frau aus dieser Gruppe kommt nun an unseren Tisch und spricht Gongpo an. Er antwortet ihr in einer Sprache, die wir nicht verstehen.

Dann zeigt die Frau auf mich, lächelt und streicht mir über den Kopf. Viele Jahre später, bei der Feier zu meinem Schulabschluss, zu der auch Gongpo kam, wird er mir erzählen, was damals im Restaurant passierte. Wie noch vor dem Erreichen des Dorfes für mich ein neuer, ein anderer Weg zum Glück beginnen sollte. Die Frau aus einem fernen Land sei zu ihm gekommen und habe gesagt, sie hätte sich übersetzen lassen, was er zu uns Kindern gesagt hätte. Sie hätte unser Glück erlebt und hätte danach selbst ein solches Glück verspürt, wie kaum zuvor in ihrem Leben. Sie habe gesagt, sie hätte sich augenblicklich in mich verliebt. Sie hätte noch nie ein so ausdrucksvolles und weises Gesicht gesehen. Sie habe gesagt, sie käme aus einem Land, in dem es von allem zu viel gäbe, und sie wolle von diesem Vielen etwas abgeben. Sie wolle es mir geben. Sie wolle meine Schule zahlen und meine ganze Ausbildung. Sie wolle mich ein kleines Stück auf diesem Weg zum Glück begleiten.

Das alles erzählt mir Gongpo an meinem letzten Tag in der Schule. Ich hatte nie gefragt, woher meine Schulbücher, meine Kleider kamen. Warum ich einen Walkman hatte und die anderen nicht. Heute erfahre ich es: Da gibt es jemanden, weit weg in einer anderen Welt, der mich still und unsichtbar in all den Jahren begleitete. Der unerkannt blieb, weil er keinen Dank von mir hören wollte. „Heute, Tensin", sagt Gongpo, „gebe ich dir ihren Namen und ihre Adresse. Sie heißt Jessica und wohnt in der Schweiz. Sie würde sich sehr freuen, wenn sie von dir persönlich etwas hören würde."

Mit zitterndem Herzen rufe ich Jessica an. Wir unterhalten uns in Englisch, das ich sehr gut spreche – ich war sehr gut in der Schule. „Ich weiß genau, wie du aussiehst, Jessica", weine ich ins Telefon. „Ich kann mich an das Restaurant erinnern."

„Und ich weiß genau, wie du aussiehst, Tensin", weint Jessica zurück, „mein ganzes Haus hängt voll mit deinen Fotos, die sie mir heimlich schickten!"

Wenige Monate nach diesem ersten Telefonat steige ich in Genf aus dem Flugzeug und als ich die Gangway hinabsteige, spüre ich, so stark wie damals bei dem Marsch über das Schneefeld, dass jeder Schritt, jede Treppe einen neuen weiteren Weg zum Glück bedeuten. Fünf Tage nach meiner Ankunft beginne ich die Ausbildung zur Krankenschwester.

Langsam öffnete Tensin den Briefumschlag, holte den Brief heraus und las ihn. Sie schloss ihre Augen und noch einmal, nun in rasendem Tempo, flogen all die Bilder ihres Weges an ihr vorüber. Alle diese Bilder mündeten in einen großen Traum, von dem dieser Brief erzählte: „Aufgenommen an der Universität, um ihr Studium der Medizin zu beginnen." Und wieder sollte an diesem Nachmittag ein neuer Weg des Glücks beginnen ...

Wayne Hutchinson
Livestock fair. Great Britain

Eines der 1.013 irischen Märchen

Irland

Worin unterscheiden sich irische Pubs von allen anderen auf der Welt? Nein, nicht durch die durch Männerkehlen fließenden Ströme von Bieren aller Stärken und Farben. Nein, auch nicht durch gemäßigte oder gebrüllte Konversationen über Frauen, Fahrzeuge, Fußball. Sie unterscheiden sich durch Märchen, die dort von Männern und Frauen, Erwachsenen, erzählt werden: von rätselhaften Vorgängen, in deren Zentrum Wesen einer anderen Welt stehen: Leprechauns, Far Darrigs, Kelpies und Merrows. Natürlich neben den international üblichen Feen, Boskabautern und Riesen. Märchen, die mit einer Ernsthaftigkeit erzählt werden, als wären sie selbstverständlicher Teil des irischen Alltags. Wäre es denn möglich, in einer Bar in Wien, in Berlin oder in Peking aus den Mündern krawattiger Manager, cooler Studenten und gestählter Bauarbeiter folgende Konversation zu hören. Manager: „Die Kuhherde des Bauern O'Dwyer ist wie vom Erdboden verschluckt." Student: „Ich habe gehört, Far Darrigs sollen in der Gegend gesichtet worden sein." Bauarbeiter: „Da muss O'Dwyer sofort den Baldrian aushängen, damit die Feen kommen, da wieder Ruhe reinzubringen." – Einen solchen Dialog hört man NUR in Irland!

Und das Unglaublichste: Man könnte ja nun meinen, die drei Herren würden sich, bereits benebelt und entrückt von den Pints an Bieren, einfach der Märchen ihrer Kindheit erinnern. Aber diese Dinge, diese märchenhaften Rätsel finden in Irland TATSÄCHLICH statt. Nur deshalb können Manager, Studenten, Bauarbeiter in Pubs so offen, ehrlich und wahrheitsgetreu von ihnen erzählen.

In Oughterard, das ist nicht weit weg von Rinnerroon, ganz in der Nähe der winzigen Insel Inishlannaun, lag die Farm des Bauern Noamhan O'Dwyer und seiner Frau Audra. 49 Stück Hereford-Rinder und 13 Suffolk-Schafe waren nicht nur ihr Besitz, sondern auch ihr ganzer Stolz. Beide waren sie aus ärmsten Verhältnissen gekommen, aber weil sie gute, ehrliche Menschen waren, hatte es das Schicksal mit ihnen gut gemeint. Und wenn man in Irland diese Redewendung anwendet, dass „das Schicksal es mit einem gut meint", umschreibt man damit – was sowieso nur Nicht-Iren tun, denn warum sollte man Tatsachen umschreiben –, dass die Fabelwesen es gerichtet hatten.

Audra und Noamhan waren beide Hirten gewesen. Für Essen und Quartier zogen sie mit den ihnen anvertrauten Herden von Weide zu Weide. Einmal wurden sie – welches Wunder in diesem Land – von einem heftigen Regen überrascht, der, als er vorüber war, einen Regenbogen von unglaublicher Intensität hervorzauberte. Regenbögen hatten sie schon viele und oft gesehen, dieses Mal aber schien es, als würde das Lichtband direkt vor ihnen in die Wiese münden. Sie sahen sich an, sie mussten nichts sagen, sie dachten sofort und unvermittelt das Gleiche: Ob dort, am Ende des Regenbogens, wohl ein Leprechaun seinen Topf mit Gold versteckt hatte?

Sie waren nur vielleicht 20, 30 Schritte entfernt. Als sie näher herangekommen waren, sahen sie tatsächlich, inmitten des gleißenden Lichterbogens, einen großen Topf, bis zum Rand gefüllt mit Gold!

Sie blieben vor ihm stehen, starrten auf den Schatz und blickten sich um, den Kobold, leicht zu erkennen in seinem grün-roten Wams, irgendwo zu entdecken. Doch nichts und niemand war zu sehen. Mit einem Mal aber tat sich die Erde auf, ein Far Darrig tauchte daraus auf und saugte mit einem Geräusch, wie der eines Dysons, den ganzen riesigen Regenbogen in sich hinein. Und wieder wussten Audra und Noamhan sofort, was dies ganze Schauspiel zu bedeuten hatte: den Goldschatz seines Widersachers, des Leprechauns, zu stehlen. Nur kurz war der Far Darrig über die Anwesenheit der beiden Menschen erstaunt. Er war ja des Goldtopfs wegen aufgetaucht und nicht der beiden Menschen wegen – die könne er sich auch ein anderes Mal in seinen roten Leinensack stecken. Aber er hatte nicht mit dem Mut des Paares gerechnet: Sie verstellten ihm den Weg, Noamhan drohte dem kleinen Teufelchen mit seinem Schäferstock und Audra erinnerte sich, dass diese Wesen hohe Stimmen nicht ertragen konnten. Sie stieß einen derart spitzen Schrei aus, dass der Far Darrig mit hochrotem Kopf vor Wut und einem hier nicht wiederzugebenden Fluch in die Erdöffnung köpfelte und tatsächlich verschwand. Wieder Augenblicke später erschien wie aus dem Nichts der Leprechaun.

„Audra! Noamhan!", rief der begeistert. „Ihr seid nicht nur nicht mit meinem Goldschatz abgehauen, ihr habt ihn sogar vor dem Far Darrig gerettet. Ihr wisst wohl, was das bedeutet?"

Natürlich wussten sie es. In Wien, Berlin oder Peking würde niemand einen blassen Schimmer haben, was das Kerlchen meint. Aber in Irland weiß jeder Mensch über die drei Wünsche Bescheid, die einem die Leprechauns und die Feen erfüllen, wenn man ihnen Gutes tut.

„Nun sagt schon", lachte das Wesen. „Ich stehe zu euren Diensten", und zog ehrfurchtsvoll den grünen Hut vom Kopf.

Audra sah Noamhan an, Noamhan Audra und wie aus einem Mund sagten sie: „Wir wollen bis in alle Ewigkeit glücklich und zufrieden miteinander sein!" – Oh mein Gott, ist das nicht großartig? Ist das nicht süß? Könnten sich ein Schloss auf dem Mount Everest, eine Garage voller Bugattis oder ein Wochenende mit dem Papst (sie waren Katholiken) wünschen – nein, sie wünschten sich Liebe, nichts als Liebe.

Der Leprechaun, mit ein bisschen Tränen vor Rührung in den Augen, schnipste mit dem Finger und es war geschehen. Ob sich dies erfüllen wird, werden wir erst in vielleicht 70 Jahren erfahren.

„What's next?" – Wieder sahen sich die beiden an und wieder wie aus einem Mund sprühte der nächste Wunsch hervor: „Wir lieben die Gegend um Oughterard, du weißt, das ist nicht weit weg von Rinnerroon, du weißt, ganz in der Nähe der winzigen Insel Inishlannaun. Dort einen Bauernhof zu haben, mit Stallungen und Scheunen, wäre wunderschön."

„Äh, und vielleicht noch", flüsterte Noamhan etwas verlegen, „mit einem offenen Kamin."

„Naja, und wenn wir schon dabei sind und es nicht zu viel Mühe macht", warf Audra ein, „mit einer japanischen Toilette. Das hab' ich mal in einem Film gesehen!"

„Wird erledigt", sagte der Leprechaun. „Überlasst ihr mir die Planung des Grundrisses oder habt ihr irgendeine Vorstellung?"

Voller Bescheidenheit legten die beiden die Gesamtplanung des Gutshofes in seine Hände und nickten ihm ihr Einverständnis zu.

Für jedes Gebäude brauchte es ein Schnipsen und wenn sie richtig gezählt hatten, sollten es folglich insgesamt fünf sein. Und ein sechstes für den Weidezaun. Ein siebentes für die Photovoltaikanlage. Und ein achtes für die biologische Kläranlage. Der Leprechaun war so verzückt von den beiden, dass er gar nicht mehr aufhörte mit dem Schnipsen, und so sollte am Ende auch noch ein Tesla, 3 Traktoren und Pflüge, Eggen und ein Heuwender auf sie warten.

„Und was darf es zum Abschluss sein?", fragte der Leprechaun.

„Hereford-Rinder", sagte Noamhan. „Drei Stück bitte."

Der Kobold schnipste mit dem Finger. „Ich habe 48 bestellt. Meine Lieblingszahl. Wenn's euch recht ist." – Noamhan machte einen Freudensprung.

„Suffolk-Schafe", sagte Audra. „Auch drei Stück bitte."

„Nichts da, es müssen 13 sein und keines weniger!" – Schnipsen. – Audra und Noamhan lagen sich in den Armen, nahmen den Leprechaun in ihre Mitte und tanzten ausgelassen und johlend im Kreis.

Nun wisst ihr also, wie Familie O'Dwyer zu ihrer Herde und ihrem Besitz kam – Feengeflatter, Märchenwelten, Wesenzauber.

Es musste ungefähr vier Wochen nach dem Einzug in ihr Paradies gewesen sein, als Audra völlig aufgelöst und verzweifelt ins Haus gestürzt kam. „Die Herde ist weg!", schrie sie. Noamhan verstand seine Frau nicht. „Was meinst du mit ‚weg'?"

„Die Herde, alle Kühe, sind spurlos verschwunden! Nur die Schafe haben wie verrückt geblökt, als würden sie mir was sagen wollen."

Zu zweit suchten sie jeden Winkel der Weide ab, aber es fehlte tatsächlich jede Spur von der Herde. Völlig rätselhaft war es, weil auch alle Gatter fest verschlossen und unversehrt waren. Plötzlich entdeckte Audra etwas: Auf einem herausstehenden Nagel eines Zaunpfahls hing etwas leuchtend Rotes. Ein Stück Stoff. „Wo habe ich so ein Stück Stoff schon einmal gesehen?", grübelte Audra. „Ja, du hast recht, es kommt mir auch bekannt vor", meinte Noamhan. Und wie aus einem Mund schrien sie beide im gleichen Augenblick auf: „Der Far Darrig!" – Natürlich, der böse Kobold war nicht nur so wütend gewesen, dass die beiden Menschen ihn um einen Goldschatz gebracht hatten, sondern auch, weil sein größter Feind ihnen eine derart großzügige Belohnung hatte zukommen lassen. Und aus Rache hatte er ihnen einfach die ganze wunderschöne Herde aus 49 Hereford-Rindern (ein Kälbchen war eben erst geboren worden) fortgezaubert. So einfach geht das in Irland.

Nun wollte es das Schicksal (haha, Schicksal, in Irland!!!), dass der Bauarbeiter, ja genau der aus dem Pub, ein paar Tage später mit seinem Bagger auf der Derrymoyle Road entlang gefahren kam. Er sah Noamhan mit seinem Traktor auf der Straße stehen, stoppte und stieg von seinem Gefährt ab.

„Na, die Herde wieder aufgetaucht?"

„Nej", antwortete Noamhan knapp, der sich kein bisschen wunderte, warum ein Baggerfahrer DAS wissen konnte.

„Schon den Baldrian rausgehängt? Für die Feen?"

„Nopp. Aber gute Idee. Kriegst eine Gallon bester Milch, wenn sie wirklich auftauchen sollten!"

„Besser 'n Gallon Stout." Kletterte wieder auf sein Gerät und tuckerte los.

Am Abend hingen sie zwei große Büschel Baldrian in den leeren Kuhstall, legten sich ins Stroh, neben sich eine Flasche Whiskey, und warteten. Knapp vor Mitternacht, die Flasche war schon fast leer, entsprechend lustig und nackig das junge Paar, flog die Tür auf und eine Fee kam Vollgas hereingeflogen. Die beiden schreckten hoch in ihrem Treiben und bedeckten sich mit ein paar Halmen. „Verzeiht die Störung, aber euer Baldrian hat mich gerufen und ich nehme an, ihr wollt etwas von mir. Kinderwünsche nehme ich übrigens keine entgegen!" Schnell erklärt war die ganze Geschichte. „Dieser gute Leprechaun! Was für eine schöne Geschichte. Und dieser dumme, eifersüchtige Far Darrig! Was für eine schlimme Geschichte. Eine ganze Herde! Aber nun habt ihr ja mich und natürlich werde ich euch helfen!"

Und die Fee erklärte die etwas komplizierten Gesetze der Wesen der Anderswelt Irlands. „Also", begann sie, „von einem Far Darrig Gestohlenes, und zwar völlig egal, um was es sich handelt, kann nur wieder ausgelöst werden, wenn ihr einen unschuldigen Knaben zu ihm schickt, der exakt die gleiche Größe haben muss wie er. Wenn der Junge den Kobold sieht, muss er sich hinlegen. Sobald der Far Darrig sich ihm nähert, muss er knapp vor ihm hochspringen und ihm in die Augen sehen – also genau auf Augenhöhe mit ihm sein. Damit ist der Bann gebrochen und euer Menschenkind kann sich mit der Herde auf den Weg nach Hause machen. Ach ja, das Wichtigste: Die Größe eines Far Darrigs beträgt 1,39 Meter."

„Ich habe gehört", sagte der Manager, ja, genau der aus dem Pub, „dass sie den Jungen nach drei Tagen Suche gefunden hatten. In der St. Paul's School in Oughterard."

„Wusste der Bescheid über die Wesen?", fragte der Student. „Bei den Kindern ist das ja heutzutage nicht mehr so sicher!"

„Da hast du wohl recht, die sind ganz anders als wir, die davon noch Ahnung haben!", lachte der Bauarbeiter und dann ließen sie die Biergläser aneinander krachen.

Und als wär's das Selbstverständlichste auf der Welt – nein, in Irland *ist* es das Selbstverständlichste – erzählte der Manager seinen Trinkkumpanen, was er gehört hatte. Dass der Junge von seinem Vater und seiner Lehrerin auf das Genaueste instruiert wurde. Dass er an einen Ort gebracht worden war, an dem die Far Darrigs in letzter Zeit immer wieder gesichtet wurden, an der Küste gegenüber der Insel Inishlannaun. Dass man den Jungen ausgesetzt hatte und er dann mutig losmarschiert war. Und nach nicht einmal einer Stunde die erhoffte Begegnung stattgefunden hatte. Haargenau, würde er später berichten, wie von der Fee beschrieben. Zum Glück hatte sich die Lehrerin erinnert, dass der Junge die Herde bis zu ihrer Weide alleine, also ohne jegliche Hilfe von Erwachsenen, treiben musste. Denn erst wenn der Ort, von dem sie fortgezaubert worden war, erreicht ist, wurde der Far Darrig seine Kraft über sie verlieren.

Audra und Noamhan konnten ihr Glück nicht fassen, als sie den Jungen mit ihrer Herde, vollzählig alle 49 Stück, keines gefressen von den üblen Wesen, über die Weide daherwandern sahen.

„Mann, hatten die daraufhin ein Fest gefeiert", sagte der Manager.

„Warst du eingeladen?", fragte der Student.

„Nopp, hab' ich von ihm gehört" – und er zeigte auf den Bauarbeiter.

„Ich war da, klar", sagte der stolz. „Von mir hatten sie ja den Tipp mit dem Baldrian bekommen. Und die versprochene Gallon Stout wollte ich mir keinesfalls entgehen lassen ..."

Jenny Matthews
Sher, 15-year-old government soldier. Kabul, Afghanistan

Krieg

Afghanistan

Die Situation war in den letzten Wochen immer mehr eskaliert. Die Fronten hatten sich verhärtet. Es gab kaum noch eine Annäherung zwischen den beiden Parteien. Kein Verständnis für die andere Seite. Jeder wähnte sich im Recht. Eine Gesprächsbereitschaft schien nicht mehr gegeben. Nicht nur psychische, auch physische Gewaltanwendung nahm mit jedem Tag zu.

„Mich hat er gestern getreten und in hohem Bogen fortgeschleudert", sagte der Bär. „Wo es noch nicht so lange her ist, dass ich es war, mit dem er abends zu Bett gegangen war."

„Schau mich an", meinte der War-Ninja, „mir fehlen beide Arme! Ausgerissen, weggeworfen!"

„Was er mit mir angestellt hat", schluchzte die Puppe, „will ich euch gar nicht erzählen!"

Der Löwe kam aus der Kiste gesprungen und gesellte sich zu ihnen: „Das ist der Lauf der Zeit, Freunde. Das Kinderzimmer wandelt sich mit dem Erwachsenwerden. Die Welt, in die wir hineingesetzt wurden, einer nach dem anderen, ändert sich dramatisch. Wir waren Geschenke, wir wurden geliebt. Wir durften unseren Jungen ein wichtiges Stück seiner

Kindheit begleiten. Er war es, der uns mit seinem Spiel zum Leben erweckte. Und wir nahmen ihn in unsere Welt mit. Ich in die Savanne Afrikas. Du, Bär, in die Wälder Alaskas. Mit dir, Ninja, durfte er kämpfen und mit dir, Puppe, spürte er das erste Mal sein anderes Ich, das in ihm schlummert. Nun tritt er durch eine Tür. Und wir bleiben zurück. So ist es. Das haben wir zu akzeptieren."

„Wenn ich auch etwas sagen darf", kam nun auch das Zebra näher. „Weise wie immer sind deine Worte, Löwe, doch ist es der Lauf der Zeit und der Dinge, dass seine Liebe zu uns in einer solchen Gewalt enden muss?" Und es zeigte auf seinen Rücken, in dem ein Wurfpfeil steckte. „Ich beobachtete ihn schon seit Langem. Ich erinnere mich an die langen Dialoge, die er mit mir, aber auch mit allen anderen hier in seinem Zimmer führte. Sie verrieten viel von seiner Persönlichkeit, die viel mehr eine gebende, als eine nehmende war. Er ließ mich nie in deiner Nähe, Löwe, grasen, weil er wusste, dass ich deine Beute sein würde. Ich höre noch seine süße, hohe Stimme, wenn er mit dir, Ninja-Krieger, kämpfte. Und ihr, Bausteine, wurdet zu fantastischen Häusern. Gebaut, seinen Dingen Schutz zu bieten. Bis dieses sprechende, piepsende, leuchtende Ding in unser Zimmer kam. Ich weiß noch, wie sich damit alles veränderte. Waren wir bis dahin noch das Zentrum seines Lebens – zumindest, wenn er hier mit uns in seinem Zimmer war –, so änderte sich dies schlagartig. Es war, als würde eine andere Welt, eine andere Zeitenrechnung einziehen. Es war, als würde ihm dieses Ding diktieren, dass er nun gegen seine alte Welt gegen seine Zeit als Kind anzukämpfen habe. Wir alle konnten miterleben, wie er diesem unsichtbaren Anführer immer mehr seiner Aufmerksamkeit schenkte. Und mit jedem Tag des Versinkens in diese neue Welt, wir zu seinen Feinden wurden – weil wir für ihn eine Erinnerung an Gefühl, an Zärtlichkeit, an Zwiegespräch und Fantasie waren."

„Du hast völlig recht", sagte das Feuerwehrauto. „Ich wusste, dass sich etwas – nichts ahnend: alles – ändern würde, als ich meine Sirene nicht mehr aus seinem Mund, wie sonst immer, wenn er mich bewegte, sondern aus diesem Ding kommen hörte – während ich still in einer Kiste lag, schon Wochen nicht mehr berührt. Ich wusste, dass die Feuer, die er nun erlebte, keine imaginären, keine, die seine Fantasie entzündet hatten, mehr waren. Und ich wusste, dass es nur noch eine Frage der Zeit wäre, wann er losziehen würde, reale Feuer zu löschen."

Aus einem Kasten kippte jetzt eine Kiste, aus der sich die bunten Lego-Bausteine auf den Boden ergossen, direkt vor die Füße des anderen Spielzeuges. „Ja, die fantastischen Häuser, Zebra!", antworten sie. „Wie glücklich waren wir und auch wie glücklich war unser kleiner Junge, wenn er aus uns in langem, konzentriertem Spiel die unglaublichsten Formen hervorzauberte. Mit Fenstern, durch die er hindurch blickte und im Inneren entdeckte, was seine Fantasie alles hervorzubringen imstande war. Auf unsere Dächer wurdet ihr, Kühe, Schafe, Hühner gesetzt. Dazu hörten wir ihn murmeln: „Ihr sollt auch mal was anderes sehen …" Bis es dann eines Tages keine Häuser und keine Gärten mehr waren, sondern er uns zu einem Gewehr zusammensetzte. Ein Blick in dieses Ding, das wie zu einem Körperteil für ihn geworden war, und wir wurden eine Kanone. Wurden ein Flugzeug, aber nicht so eines, das mit einem Sirren aus seinem Mund sanfte Kreise durch das Zimmer zog, sondern eines, aus dem er Steine zu Boden fallen ließ und das Geräusch von Explosionen nachmachte. Flugzeuge, die er an der Zimmerwand zerschellen ließ, und er aufgeregt interessiert beobachtete, wie wir in Einzelteile zerbrochen durch das Zimmer flogen. Wir wurden zu einem schweren Ball zusammengesetzt, der dann euch, die sorgsam aufgestellte Kolonne seiner geliebten Autos, mit einem gezielten Wurf auseinandersprengte."

„Er liebte uns so sehr!" Und eine lange Kolonne von Limousinen, Sportwägen, Rettungen und Polizeifahrzeugen, Traktoren und Lastwägen rollten heran. „Wenn er seinen Kopf auf den Boden legte, um mit uns auf gleicher Höhe zu sein, weil wir ihm dadurch wahrhaftiger erschienen. Wenn er eines jeden besonderen Klang mit seinem Mund erzeugen konnte, das laute Brüllen des Sportwagens, das Horn der Einsatzfahrzeuge, das tiefe Brummen der Traktoren und Lastwägen. Wenn er uns mit seinen kleinen Fingern über Straßen, Brücken, über Täler und auf hohe Berge lenkte. Wir auf seinen Beinstraßen und Bauchautobahnen entlangfuhren. Und er uns am Abend, vor dem Schlafengehen, manchmal schon gemeinsam mit dir in der Hand, Bär, ‚Gute Nacht' sagte und uns sorgfältig parkte, als würde er vermeiden wollen, von dir, Polizeifigur, einen Strafzettel zu bekommen – dann waren wir in einer gemeinsamen, so glücklichen Welt versunken."

Kurz war es still im Zimmer, dann klappten, eins nach dem anderen, die Bücher im Regal auf. „Wir waren seine Tore in die Welt der Fantasie. Wir waren die Wolkenschiffe, auf denen er davonsegelte. Wir waren ein warmer Regen wunderbarer Worte. Durch uns öffneten sich seine Augen für die Farben der Welt. Durch uns öffneten sich seine Gedanken für das Fremde, das Andere, das Ferne. Durch uns öffneten sich seine Ohren für die Wunder der Poesie. Bis er uns verstummen ließ. Weil die Welt der Fantasie einer der Gewalt und Brutalität weichen musste. Weil die Wolkenschiffe zu Kriegsschiffen geworden waren. Weil die Worte wie Schwerter durch die Luft flogen. Und wir nun nichts mehr sind als die weggesperrten, zum Schweigen gebrachten Zeugen einer Kindheit, die vor unser aller Augen von einer leuchtenden, sprechenden Hand eingesogen und als Erwachsensein wieder ausgespuckt wurde."

„Aber er ist doch noch ein Kind!", rief der Bär. „Das Kleid des Erwachsenseins ist ihm doch noch viel zu groß. Viel zu schwer die Last, die das Ding, das verdammte, über ihn ergießt."

„Nie hätte ich gedacht", meldete sich der Ninja-Krieger zu Wort, „dass mein Spiel, das ‚Gut gegen Böse' hieß, zu einem wahrhaftigen Spiel über Leben und Tod werden könnte."

Der Löwe versuchte, seine halb herausgerissene Mähne, die von seinem Hals baumelte, so gut es ging, mit seinen Tatzen wieder an ihren Platz zu bringen. „Dieselbe Hand, die, solange sie noch klein ist, bewundernd nach mir greift, nimmt mich, sobald sie groß geworden ist, ins Visier, mich zu erlegen. Dasselbe Auge, das, solange es noch jung ist, einen Schmetterling in seinem Flug verfolgt, verfolgt, sobald es älter geworden ist, einen Feind, ihm zu entrinnen oder ihn zu töten. Solange der Mensch ein Kind ist, handelt und hinterfragt er nicht sein Tun, ob es nützlich oder schädlich für ihn sei. Ist der Mensch dann zu einem Erwachsenen geworden, stehen im Zentrum all seines Tuns das Abwägen, das Einordnen, der eigene Vorteil. So, und nur so, meint er, überleben zu können."

„Seine Kindheit ist Vergangenheit", schnaufte die Holzeisenbahn, die das Gespräch bisher an ihrem Platz unter dem Bett verfolgt hatte und nun hervorgefahren kam. „Und somit haben auch wir keine Zukunft. Bald werden wir alle, in Kisten verpackt, in einem Abstellraum landen – oder direkt auf dem Müll. Aber was meint ihr, sollten wir unser Kind nicht suchen, vielleicht entdecken wir noch etwas von ihm in seinem neuen Kleid des Erwachsenseins? Und vielleicht erinnert er sich an uns – und sei es nur für einen kurzen Augenblick, den wir ihm damit schenken."

Das fanden alle eine großartige Idee! Sie suchten alle Eisenbahnwaggons zusammen, auch die Lastwägen und Traktoren mit ihren Anhängern schlossen sich dem Konvoi an. Dann nahmen alle Platz: Der Löwe als König saß ganz vorne, der Bär, die Puppe und das Zebra zwängten sich in die engen Wagen des Zuges. Die Kühe, die Schafe, der Ninja-Krieger, die Hühner, ein Tyrannosaurus rex und ein Brachiosaurus. Die Playmobil-Mannschaft lud die Bausteine ein und half den Büchern in die Anhänger. Ein Kran, ein Schubkarren und ein Parkhaus wollten auch mit und irgendwie schafften es auch sie – endlich konnte die Karawane losziehen.

Es war nicht einfach gewesen, es zu finden – so viele Gefahren und Hindernisse lauerten auf ihrem Weg. Aber dann, hinter einem Hügel, fanden sie es.

„Bist du das, Kind?", fragten sie, weil sie es nicht erkannten, es hinter seiner neuen Hülle nur erahnten.

Der Junge starrte sie lange an – seinen Löwen und sein Schaf, seinen Ninja-Krieger und seine Bausteine. Seinen Traktor und seinen Brachosaurus. Er schaute langsam von einem zum anderen, zu all seinem Spielzeug, das ihn hier gefunden hatte, hinter dem Hügel. Er nahm seine Kalaschnikow fester in den Arm, eine Träne rollte über seine Wange und dann sagte das Kind: „Ja, ich bin es. Immer noch."

Tuul & Bruno Morandi
Dong village of Zhaoxing, China

Die Reise

China

Der Großvater hatte das Fahrrad hinter der Hütte hervorgeholt.
Das Tuch um den Lenker gebunden und Nian hineingesetzt. Er war
aufgestiegen und langsam aus dem Dorf hinausgeradelt, in Richtung
Dachong. Seit Nian sitzen konnte, hatten sie das so gemacht.
Jeden Morgen. Ein paar Stunden später waren sie zurückgekehrt.
Der Kleine wurde herausgehoben, auf den Boden zu den Hühnern
gesetzt, das Fahrrad hinter die Strohhütte geschoben. Dann setzte
sich der Großvater auf den Boden, steckte sich eine Pfeife an und
ließ seinen Enkel nicht aus den Augen. So ging das Tag für Tag.

Bis zu jenem Mittwoch. An dem sie nicht zurückkehrten.
Alles Suchen war vergeblich – die beiden blieben verschwunden.
Und kehrten nicht mehr wieder. Nach einem Jahr wurde ein kleiner
Schrein mit Fotos des Großvaters und seines Enkels errichtet.
Nach 10 Jahren waren die Bilder vergilbt und so war es auch mit den
Erinnerungen, die immer mehr verblassten.

Wie immer biegt der Großvater in den kleinen Waldweg ein, eine
Abkürzung auf dem Weg nach Dachong. Er tritt die Pedale ganz

langsam und gleichmäßig, zwischendurch bläst er seinen Atem auf Nian, dessen schwarze Haartolle sich dann ein bisschen aufstellt und der Kleine aufkreischt vor Freude.

Nian liebt diese Fahrten mit seinem Großvater. Er sieht jedem Vogel nach, der ihren Weg kreuzt. Wenn er einen Leguan entdeckt, quietscht er und zeigt aufgeregt auf ihn. Wenn es ein besonderes Tier ist, bleibt der Großvater auch stehen und erklärt ihm, wie das Tier heißt und manchmal auch, dass er es früher schon einmal gefangen hatte.

Sie sind jetzt an der dunkelsten und deswegen auch kühlsten Stelle des Waldes angekommen. Normalerweise bleibt der Alte hier kurz stehen, um die Kühle zu genießen. Plötzlich springt von einem Baum ein Dämon herab. Ein scheußlicher, ein schrecklicher, so einer mit einem Doppelgesicht, also vorne ein Mann mit einem Bart und hinten eine Frau mit betörenden Augen, die, sieht man direkt in sie hinein, das Gegenüber erstarren lassen.

Der Großvater erschrickt, nicht zu Tode, einfach nur so wegen des überraschenden Moments. Er betet jeden Tag zu seinen Göttern, vertraut ihnen und weiß sich von ihnen beschützt. Er kennt auch Dämonen, die stets Böses versuchen, gerade bei jenen Menschen, die unter dem Schutz der Götter stehen. Es ist ein Spiel, wie Ying und Yang, das Gute versucht sich gegen das Böse und so ist es auch umgekehrt.

Nian ist völlig unbeeindruckt – er kann dieses Fremde ja nicht einordnen, hat so etwas ja noch nie gesehen. Das Brüllen, das jetzt aus dem Mund des Männergesichts kommt, erinnert ihn an das ihrer Kuh, wenn sie vor Hunger schreit. Und Nian lacht. Der hohe Sirenengesang, der jetzt aus dem Mund des Frauengesichtes kommt, erinnert Nian an das Singen der Mädchen im Dorf, mittendrin auch seine Mutter, wenn sie um das Feuer tanzen. Und Nian lacht.

Der Dämon zuckt zurück. Diese Reaktion hatte er nicht erwartet. Weder von dem Alten noch von dem Kleinen. Üblicherweise fallen die Menschen vor Schreck tot um, wenn er vor ihre Füße springt.

Zumindest beginnen sie zu zittern, als hätte sie ein Blitz getroffen. Oder sie rennen davon, flüchten, als ginge es um ihr Leben.

„Habt ihr denn keine Angst?", fragt die Männerstimme.

„Wisst ihr nicht, wer ich bin?", fragt die Frauenstimme.

„Natürlich weiß ich, wer du bist", sagt der Großvater ruhig. „Aber Angst muss nur der haben, der Unsicherheit in sich trägt. Wenn ich mit meinem kleinen Enkelsohn am Morgen losfahre, weiß ich nie, ob ich mit ihm am Abend wieder zurückkehren werde. So viele Unwägbarkeiten liegen am Weg. Würde ich mir darüber Gedanken machen, müsste ich mich mit ihm in der Hütte verbergen. Und du? Bist nichts als eines dieser Dinge, die wie ein unerwarteter Regen über uns hereinbrechen. Ich kann fortgerissen werden, ich kann nass werden, ich kann die Kühle der Wassertropfen genießen. So ist es."

Während seiner Antwort hat Großvater Nian aus dem Sesseltuch geholt und hält ihn nun am Arm. Der Kleine will näher an den Dämon heran, streckt seine Hand aus, berührt sein glitzerndes Kleid und lacht.

Das Frauengesicht des Dämons macht eine rasche Handbewegung über ihr Gesicht, wohl um den Zauber des Erstarrenlassens zu deaktivieren. Dann blickt sie die Menschen, die so seltsam reagieren, wie sie es noch nie zuvor erlebt hatte, mit ihren betörenden Augen an. Dann lächelt sie. Der Kopf wirbelt herum und auch das Männergesicht lächelt.

„Die Götter haben ganze Arbeit mit euch beiden geleistet", sagt die Frauenstimme. „Das muss ich unumwunden zugeben. Weißt du, alter Mann, was du von mir nun erhoffen kannst?"

Nein, das wusste der Großvater nicht.

„Wir beugen uns vor Menschen, wie du einer bist. Der keine Angst kennt und sein Leben dem Schicksal, dem Wirken der Gotter, ja und auch der Dämonen, überlässt. Denn beides trägst du in dir, das Gute wie auch das Böse. Du bist es, der uns einen Körper, das Handeln und die Tat schenkt. Ohne dich wären wir existenzlose Wesen, wie ein Regen, der nur auf die Erde fällt um seiner selbst willen und nicht, um sie fruchtbar zu machen. Menschen, wie du einer bist, die mir widerstehen, und nicht nur das, die das auch in mir innewohnende Gute hervorzuholen imstande sind, dürfen einen Blick in die andere, in unsere, Welt werfen. Kommt!"

Großvater hebt Nian wieder in das Tuch, setzt sich auf sein Fahrrad und fährt los – dem Dämon nach, der über den schmalen Weg in das Dickicht schwebt.

Mit einem Mal verändert sich die dunkelgrüne Mauer. Beginnt, sich ganz langsam wie ein Kreisel zu drehen. Dessen Farben werden immer heller, bis alles Blattwerk zu einer samtgrauen Wolke, wie ein Wattebausch, geworden ist. Großvater und Nian staunen, in welch Wunderwelt sie da geraten sind. Nur kurz werden sie umhüllt, dann plötzlich reißt der Nebel auf und sie stehen …

„Das muss das Paradies sein", murmelt der Großvater mit ehrfurchtsvoller Stimme, bleibt stehen und legt seine Hand auf Nians Kopf.

Nian zeigt auf Bäume voller riesengroßer Früchte. Der Großvater auf einen Löwen, der neben einem Schaf im Gras liegt. Nian zeigt auf einen funkelnd blauen See, in dem riesige Fische schwimmen. An ihnen vorbei laufen Menschen mit Gesichtern und Hautfarben, wie selbst der alte Mann sie noch nie gesehen hatte.

„Im Paradies", sagt das Frauengesicht, „gibt es weder das Gute noch das Böse. Alles Existierende ist nichts als das Spiegelbild des Göttlichen, ist ein lebendig gewordenes Sein. Durch diesen seinen Atem wurde auch ich geschaffen, genauso so wie du und Nian. Das Tier, der Fels, das Wasser. Auch alle Errungenschaften des Menschen sind ihm entsprungen, denn die Schöpfung hat euch die Kraft der Vorstellung gegeben. Dein Fahrrad und das Tuch, in dem dein Enkel sitzt. Die Rüben, die du auf dem Acker erntest, und das Flugzeug, das am Himmel fliegt. Nun lasse ich euch alleine, genießt diese Welt, solange ihr wollt.

Und solltet ihr wieder zurück in eure Welt wollen, ruft mich und ich werde euch dorthin zurückgeleiten." Und der Dämon mit den zwei Gesichtern war verschwunden.

Der Großvater und Nian radeln los. Sie fahren durch eine Welt, die in einer so unwirklich schönen, völligen Harmonie erstrahlt. Immer wieder bleibt der Alte stehen, hebt seinen Enkel aus dem Sitz, um die Wunder ganz aus der Nähe zu betrachten. Nian krabbelt in das offene Maul eines riesigen Alligators. Der Großvater setzt sich zu Buddha, der ihn freudig begrüßt und Jesus herbeiwinkt, er solle ihnen doch Gesellschaft leisten. Nian wird vom Rüssel Ganeshas hochgehoben und quietscht dabei voller Vergnügen – während es sich des Elefantenmenschen Reittier, die Ratte, im Tuchsessel des Fahrrades gemütlich macht.

Auch hier, im Paradies, tritt der Großvater ganz langsam und gleichmäßig die Pedale, Nian sitzt in seinem Stuhl und schaut und so gleiten sie dahin – durch diese Welt, die weder Zeit noch Raum kennt, wie in einem Märchen, das keinen Anfang und kein Ende kennt.

So gleiten sie dahin – bis der Großvater plötzlich stoppt. „Siehst du das, Nian?!", ruft er aufgeregt. „Das gibt es doch nicht! Trügen mich ob all der Schönheit, die wir hier erfahren, meine Augen oder ist das dort drüben meine Frau, deine Großmutter?"

Hastig nimmt er das Kind aus dem Tuch und läuft zu einer Gruppe von Menschen, die auf einer Wiese tanzen. Nun sieht auch die Frau den Großvater, hält inne, schaut genauer – dann laufen sie aufeinander zu, umarmen, küssen sich.

„Nian, Phirun!", ruft die Großmutter. „Wie schön euch hier wiederzusehen. Wir hatten die Hoffnung nie aufgegeben. Aber da ihr nic mehr zurückgekommen seid, wussten wir, dass ihr tot sein müsst!"

„Was meinst du mit ‚tot'?", lacht der Großvater und kitzelt Nian, dass der kreischt vor Vergnügen. „Der ist doch ziemlich lebendig, oder?"

„Was redest du da, Phirun? Wir sind hier vereint, weil wir tot sind! Du, Nian und ich!"

Da tritt der Großvater einen Schritt zurück und sieht seine Frau lange schweigend an. „Wir sind im Paradies", sagt er leise. „Und du bist tot, meine geliebte Kalliyan. Aber wir sind es nicht." Und dann erzählt er ihr die ganze Geschichte.

Kalliyan nimmt ihren Enkel in den Arm und küsst ihn. „Du musst sofort den Dämon rufen, Phirun. Nian hat hier im Paradies noch nichts verloren, ihr müsst zurück, damit er sein Leben leben kann. Jetzt, da du ja weißt, dass ich hier bin, wirst du mich irgendwann ja wiedersehen!" Und sie küsst ihren Mann und ihren Enkel und geht zurück zu den Tanzenden auf der Wiese.

„Zweigesichtiger Dämon", ruft der Großvater, so laut er kann, „bringe uns zurück!" Und augenblicklich erscheint die Gestalt und das Männergesicht verbeugt sich tief. „Natürlich, wie ihr wünscht und befiehlt. Du musst nur losfahren."

Großvater setzt Nian schnell in das Tuch, steigt auf und fährt, schneller als sonst, los. Das Frauengesicht haucht ihnen eine samtgraue Wolke, wie ein Wattebausch, entgegen, die die beiden augenblicklich umhüllt. Alles um sie herum beginnt, sich wie ein Kreisel zu drehen, die Farben werden immer dunkler, bis sie von der grünen Mauer umgeben sind.

Keine Spur des Dämons. Das Fahrrad – es lehnt an einem Baum. Daneben steht ein Rollstuhl, in dem auf einem rot karierten Tuch gebeugt ein alter Mann sitzt. „Gehen wir los, Großvater", sagt ein junger, schöner, starker Mann und beginnt, den Rollstuhl zu schieben.

„Ja, Nian", sagt der Alte mit schwacher, kaum hörbarer Stimme, „sie werden schon auf uns warten!"

Agus Mahmuda
Samarinda, Indonesia

Der Regenmacher

Indonesien

Der Staatsanwalt, wie die meisten der Gerichtsbarkeit Javas nicht nur ein Mann, sondern auch ein Muslim, forderte für die Schwere des Verbrechens eine übermäßig harte Strafe. Der Richter schien hingegen nicht sonderlich beeindruckt, er wirkte eher genervt, warum er diesen Fall überhaupt zu verhandelt hatte: Ein Mann sollte zwei Kinder, einen Jungen und ein Mädchen, sexuell missbraucht haben. Dass man sich mit dieser Angelegenheit befasste, schien wohl dem Umstand geschuldet, dass Bambang, der Angeklagte, nicht nur ein Anhänger der Kejawen, einer Naturreligion, war, sondern auch, völlig verpönt für Muslime, als professioneller Regenmacher galt. Seit Jahrzehnten versuchte die Politik, und damit eng verbunden auch die islamischen Imame, gegen die indigene Bevölkerung, gegen Aberglauben und andere Religionen als die ihre vorzugehen. Deshalb hatte dieser Fall auch ein solches Aufsehen erregt, weil es den Anschein hatte, als würde hier nicht gegen ein Verbrechen eines Einzelnen, sondern gegen etwas Größeres vorgegangen werden. Die beiden Opfer, ein Mädchen, sechs Jahre alt, und ein Junge, acht Jahre alt, wurden zu Randfiguren degradiert. Aber dank einer kritischen Journalistin von „Solopos", der größten

Tageszeitung Surakartas, wurde dem Fall große Aufmerksamkeit geschenkt – mehr als dem Staatsanwalt und dem Richter lieb war. Aufmerksamkeit, die bald nicht nur bis zur Hauptstadt drang, sondern worüber sogar international berichtet werden sollte.

In der Region Jawa Timur herrschte eine katastrophale Trockenheit – viele Monate lang hatte es keinen Tropfen geregnet, die Bauern waren verzweifelt, weil ihre Äcker und die Obstplantagen völlig verdorrt, die Flüsse und Bäche ausgetrocknet waren und das Vieh notgeschlachtet werden musste.

Im Dorf Banyutarung lebte ein Mann namens Bambang. Vor vielen Jahren war er aufgetaucht und hatte sich am Rand des Dorfes eine Hütte gebaut. Vielen war er unheimlich, vor allem, weil sie wussten, dass er weder Muslim noch Christ, sondern der Religion der Kejawen angehörte. Alle paar Wochen verließ er das Dorf für ein paar Tage, kehrte wieder zurück, bepackt mit Lebensmitteln, geheimnisvollen Paketen und Säcken und, wie Gerüchte besagten, auch mit Geld. Mit viel Geld. Womit er sein Leben verdiente, war allen ein Rätsel. Auf Fragen dazu antwortete er stets: „Seht ihr den Imam und den Priester mit ihren Händen arbeiten? Ich arbeite auch nur mit meinem Kopf, mit meinen Gedanken und meiner Seele." Dann sah man ihn wieder vor seiner Hütte sitzen, meditieren und singen.

Eines Tages kam eine Frau zum Dorfältesten und erzählte, sie habe gehört, dass die Kejawen die Kunst des Regenmachens beherrschen würden. Der Alte beschimpfte die Frau, von welch dummem Aberglauben sie da sprechen würde. Aber als noch andere Verzweifelte ob der Dürre kamen und meinten, man könne es ja versuchen, was habe man zu verlieren, willigte das Oberhaupt des Dorfes ein. Unter Protest machte er sich auf den Weg, um mit Bambang zu reden.

„Bambang", begann er, „meine Leute haben mir berichtet, dass die Kejawen über ein geheimnisvolles Wissen verfügen, wie Regen herbeizuzaubern sei. Meine Religion und mein gesunder Menschenverstand verbieten mir, an solch Unsinn zu glauben, aber wir leiden in einem solchen Ausmaß an Trockenheit, dass ich nichts, auch Verrücktes, unversucht lassen möchte. Hast du eine Ahnung, wovon ich spreche?"

„Natürlich", antwortete Bambang so selbstverständlich, als hätte der Alte ihn nach der Uhrzeit gefragt. „Ich bin wahrscheinlich einer der letzten Menschen Indonesiens, vielleicht sogar der ganzen Welt, der diese Kunst noch beherrscht!"

Der Dorfälteste starrte ihn völlig fassungslos an: „Willst du mir damit sagen, dass du das tatsächlich kannst? Und es tatsächlich funktioniert? Oder hältst du mich zum Narren?!"

„Das würde ich niemals wagen. Ich liebe unser Dorf, deshalb bin ich ja auch hier und nicht woanders. Habt ihr euch schon einmal gefragt, warum ich alle paar Wochen weg bin? Dann mache ich Regen. Irgendwo auf der Welt."

Der alte Mann musste sich setzen. Diese Sicherheit und Selbstverständlichkeit, mit der Bambang von diesem Zauber erzählte, kannte er nur von seinen Predigten über den Islam, über den Propheten und seine Gesetze, die er als festgeschrieben und als gegeben sein ganzes Leben lang akzeptiert hatte.

„Ich will nicht weiter fragen, weil es zu unwahrscheinlich, zu unfassbar für mich klingt. Ich denke nur an meine Leute und unser Dorf. Was müssen wir tun, damit du deinen Zauber beginnst? Willst du Geld? Vieh?"

Bambang lachte: „Bist du verrückt? Ich verlange doch keinen Lohn für meine Arbeit! Ich bin nur Ausführender einer göttlichen Handlung! So wie du Kontakt zu deinem Propheten aufnimmst, so wie du ihn in deine Seele lässt, ihn zu preisen, so tue ich das mit meinen Göttern, die mir zur Seite stehen."

„Wenn das so ist, beginne", sagte der Dorfälteste in einer Mischung aus Überraschung, Ehrfurcht und Zweifel an den Worten Bambangs.

„Nun, ganz so einfach ist das nicht. Ich benötige etwas, was erstens nicht einfach zu finden ist, und zweitens, was euer hundertprozentiges Vertrauen in mich voraussetzt."

„Sprich und wir werden es erfüllen."

„Ich benötige für das Regenmachen zwei Kinder, deren Geist und deren Körper noch völlig rein zu sein haben. Sie müssen zu mir kommen und ich werde sie drei Tage lang für meine heiligen Handlungen vorbereiten."

Der Dorfälteste zuckte zusammen. Er schenkte seinem Gegenüber zum allerersten Mal seine ganze Beachtung, betrachtete ihn von oben bis unten, ihn einzuschätzen: Bambang war ein großer, gut aussehender Mann, wahrscheinlich war er noch keine 40 Jahre alt. Nie hatte man ihn in der Nähe von Frauen gesehen und nun verlangte er nach zwei unschuldigen Kindern, die mit ihm drei Tage allein zu sein hatten.

„Ich ahne, was du denkst", sagte Bambang. „Deine Gedanken, verzeihe mir, dass ich es so ausdrücke, sind nicht rein, weil sie dem Denken eines Mannes entspringen. Das ist es, was meine Götter fordern, und ich bitte dich, nicht an deren hehrem, nicht von unserem irdisch beeinflussten Wirken zu zweifeln. Und ich bin weder Mann noch Frau, nur den göttlichen Willen ausführender Mensch. Ich sagte ja schon, ich kann meine Kraft nur einsetzen, wenn ihr mir vertraut."

Der alte Mann erhob sich, sagte, er werde sich beraten und ihm noch heute Bescheid geben, ob sie sein Angebot annehmen würden.

„Ist unsere Verzweiflung so groß, dass wir wirklich zwei unserer Kinder opfern dürfen?" – sagten die einen.

„Wir müssen ihm vertrauen, nicht alle Männer führen Schlechtes im Schilde, wenn sie an Mädchen und Kinder denken!" – meinten andere.

„Unser Glaube sagt ‚Nein', aber unser Glaube hilft uns auch nicht gegen Hunger, Durst und Elend." – So wogten die Meinungen hin und her.

Am Abend war man sich dann doch einig: Es würden zwei Kinder auserwählt werden und man würde sie zu Bambang bringen.

Drei Tage später waren Daya, sechs, und Dio, acht Jahre alt, bestimmt. Ihre beiden Eltern und der Dorfrat hatten sie, soweit wie möglich, auf das „Abenteuer" vorbereitet – was hätten sie ihnen sagen sollen? Alles, was sie wussten, war, dass man sie vor der Hütte Bambangs abzuliefern habe, er mit ihnen darin verschwinden würde und sie nach drei Tagen wieder abgeholt werden könnten. Es war auch müßig, sie zu warnen. Vor den Gefahren, die in den Köpfen der erwachsenen Frauen – vom Erlebten – und der erwachsenen Männer – vom Getanen oder Geträumten – herumschwirrten. Die Kinder waren ja, wie gefordert, völlig rein und völlig unwissend, ahnungslos, was, waren sie erst am Weg, Frau und Mann zu werden, auf sie zukommen würde.

Ein Bote wurde ausgeschickt, den Regenmacher zu informieren, dass in ein paar Stunden zwei Kinder ihm für seine Arbeit übergeben würden. Als dann das gesamte Dorf, wirklich ein jeder und eine jede, vor der Hütte auftauchte, in deren Mitte Daya und Dio, erwartete sie ein überraschender Anblick: Bambang, sonst immer in Hemd und Hose und ohne Schuhe, war in einen goldglitzernden Umhang gehüllt, auf dem Kopf trug er eine Art von Krone, geflochten aus Blättern mit grellorangen und grellgelben Blüten darin. An seinen Füßen trug er Stiefel aus schillernden Muscheln. Sobald die Kinder aus der Mitte der Menschen an ihn herangetreten waren, begann er, mit hoher Stimme ein Lied zu singen, es klang, als wäre er ein Vogel. Wortlos nahm er die beiden, legte seine Arme um sie und verschwand mit ihnen in der Hütte.

Zur selben Stunde, drei Tage später, hatte sich das ganze Dorf wieder vor der Hütte Bambangs eingefunden.

„Legt euch alle zu Boden und schließt eure Augen", befahl der Regenmacher. „Ihr dürft sie erst öffnen, wenn ihr die ersten Tropfen des Regens auf eurer Haut spürt." Noch zögerten die Menschen, bei diesem Zauber mitzumachen, doch auf einen Zuruf des Dorfältesten ließen sich alle nieder und schlossen ihre Augen.

Es herrschte eine gespenstische Ruhe, es schien, als hätte die ganze Welt zu atmen aufgehört. Mit einem Mal hob zuerst ein leises, dann ein immer lauter werdendes Sirren an. Eine unglaubliche Spannung in der Luft war zu verspüren, so als wäre ein jeder inmitten eines elektrischen Feldes geraten. „Haltet eure Augen geschlossen und bleibt in dieser Position", beschwor Bambang die vor ihm liegenden Menschen noch einmal mit flüsternder Stimme. Was niemand sehen konnte: Nun führte er Daya und Dio aus der Hütte, sie wirkten wie versteinert, hypnotisiert, wie nicht von dieser Welt. Es schien, als müsse er sie führen, als wären sie selbst nicht imstande, sich von alleine zu bewegen. Ganz langsam geleitete er sie in die Mitte des am Boden liegenden Kreises aus Menschenkörpern. Dann hob er seine goldenen Arme über die Krone und begann vorsichtig, mit seinen Stiefeln auf den Boden zu stampfen, dass die Muscheln ein feines Klirren von sich gaben. Die beiden Kinder machten es ihm nach, hoben ihre Arme nach oben und stampften mit ihren Füßen. Parallel dazu war auch das Sirren lauter geworden, schwoll immer mehr an, war schon fast zu einem Donner geworden. Das Vibrieren in der Luft war nun so stark, dass bei einigen die Arme und Beine zu zittern begannen. Und plötzlich, mit einem Mal, wie bei einem symphonischen Musikstück, bei dem alles auf den Höhepunkt zustrebt, die Spannung kaum noch zu ertragen ist und die Musik dann plötzlich und abrupt abreißt und ein kurzer Moment von Stille entsteht, so verstummte schlagartig das zum Donner gewordene Sirren, verebbte das Vibrieren und … und ein sanfter Regen begann, auf die Erde, begann, auf die Körper der Menschen zu fallen. Es brauchte einige Augenblicke, bis alle verstanden, dann schrien sie auf, sprangen hoch, tanzten, jubelten, konnten es nicht fassen: Nach vielen Monaten der Dürre regnete es! Es regnete richtig, es fielen nicht nur ein paar Tröpfchen. Wie auf einen geheimen Befehl hin hielten plötzlich alle inne und starrten auf Bambang, der in der Mitte stand, wie zu einer Säule erstarrt mit seinen noch immer erhobenen Armen und geschlossenen Augen. Neben ihm standen die Kinder, als einzige hatten sie unter einem großen Blatt Schutz vor dem Regen gesucht. Sie schienen nun erwacht, wie aus einem Traum, einem gewaltigen Traum, als wären sie mit einem Mal in eine fremde Welt gebeamt. Dann kehrte das Leben in den Körper des Regenmachers zurück, langsam senkten sich die Arme, er drehte sich um und ging, begleitet vom leisen Klirren der Muscheln bei jedem Schritt, zu seiner Hütte und verschwand.

Es regnete sieben Tage. Ununterbrochen. Die Äcker, die Erde explodierten förmlich, die Bäche und Flüsse schwollen an und auf den Bäumen zeigte sich wieder ein Grün. Nur Daya und Dio schienen nicht aus ihrem Traum, oder war es ein Albtraum, erwachen zu wollen. Seit sieben Tagen saßen sie, aneinandergepresst, in einer Ecke der Hütte, bedeckten ihre Köpfe immer noch mit dem Blatt, das sie nicht aus den Händen ließen, als würde es sie vor irgendetwas, was von oben zu kommen schien, beschützen.

Der Rat des Dorfes machte sich auf den Weg zu Bambang, der seit einer Woche nicht mehr zu sehen gewesen war. Er öffnete die Türe, höflich und freundlich wie immer, gekleidet wieder in Hemd und Hose, so als wäre dieses Unglaubliche vor ein paar Tagen nie geschehen.

„Was hast du mit den Kindern gemacht? Sie sind wie am Boden zerstört, nicht ansprechbar, als wäre ihnen Schreckliches widerfahren." Und wieder kamen die Gedanken der Männer und Frauen hoch, was in den drei Tagen vor dem Regen in der Hütte geschehen war, was die beiden derart aus ihrer kindlichen Bahn geworfen hatte. „Sie waren Kinder, Bambang, was hast du ihnen angetan?"

„Ich kann, ich darf darüber nicht sprechen", antwortete er, „sonst ist meine Kraft für immer verloren. Ich sagte euch damals, als ihr mich gefragt hattet, ob ich euch den Regen bringen kann, dass ihr mir vertrauen müsst. Das Einzige, was ich zu sagen imstande bin: Ich habe mit keinem Stück Haut meines Körpers eure Kinder berührt. Sie sind immer noch so rein und durch keinen Gedanken befleckt, genauso wie in der Stunde, als ihr sie zu mir gebracht hattet."

Das Wunder des Regenmachers in Banyutarung hatte sich wie ein Lauffeuer verbreitet. Gerüchte entstanden, die immer wüster, immer ruchloser wurden. Drei Tage nach dem Treffen mit dem Dorfrat, 10 Tage nach dem alles erlösenden Regen wurde Bambang verhaftet, wenige Tage später schon dem Richter vorgeführt. Es wurden ihm die Vergewaltigung und sexuelle Ausbeutung der Kinder, sechs und acht Jahre alt, vorgeworfen. Daya und Dio standen immer noch unter einem solchen Schock, dass sie bisher keinerlei Aussagen hatten machen können. Eine Untersuchung im Krankenhaus hatte stattgefunden, diese aber hatte kein Ergebnis erbracht. Trotzdem war das Urteil der Menschen bereits gefällt, dass Bambang die Kinder entehrt haben musste, irgendeinem Fruchtbarkeitsritual seiner Religion folgend.

In der Verhandlung vor Gericht ging es vor allem um den Glauben der Kejawen. Es wurden sogar Anthropologen aus Jakarta befragt, die mit ihrem Wissen aber kaum etwas zur Aufklärung beitragen konnten. Und Bambang schwieg.

Als der Staatsanwalt sein Schlussplädoyer gehalten hatte, der Richter sich gerade zur Beratung zurückziehen wollte, geschah Unglaubliches: Die Türe zum Verhandlungssaal ging auf und Daya und Dio traten ein – noch immer geduckt unter ihrem Blatt. Gleichzeitig erhob sich

Bambang, hob seine Arme hoch und begann, ganz langsam, mit seinen Füßen zu stampfen. Alle im Raum, auch der Staatsanwalt und der Richter, erstarrten unter dem plötzlich einsetzenden Flimmern in der Luft und dem lauter werdenden Sirren. Als die beiden Kinder in der Mitte des Saales angekommen waren, nahmen sie – wie in Zeitlupe – das Blatt von ihren Köpfen und in diesem Augenblick begann inmitten des Gerichtssaales ein Regenstrahl auf die beiden herabzufallen – nur sie mit Tropfen umhüllend, um sie herum auf dem Boden eine Lache bildend, die sich rasch ausbreitete. Daya und Dio hoben ihre Köpfe hoch und sahen nach oben. Dann begannen sie, wie ausgelassene Kinder eben, zu tanzen, zu singen und zu lachen. Sie wuschen ihre Gesichter mit dem Regen, fingen die Tropfen auf und warfen sie sich einander zu – völlig selbstvergessen, als wären sie vor ihren Hütten in Banyutarung und nicht im Gericht von Surakarta.

Als der Regen nach vielleicht 3 Minuten langsam verebbte, sein Prasseln auf dem Boden verstummte, liefen die Kinder hinaus aus dem Saal. Langsam erwachten die Besucher und Besucherinnen in den Reihen, der Richter, der Staatsanwalt, die Anwältin, die Gerichtsdiener und die Schöffen. Wie auf ein Fingerschnipsen hin blickten alle zur Anklagebank, wo – wo niemand stand. Bambang war verschwunden. Unter dem Tisch rann Wasser hervor und bildete, zusammen mit der großen Pfütze in der Mitte, einen kleinen See, in dem sich die Lichter des Gerichtssaales widerspiegelten …

Der Richter: „Ein äußerst schwieriges Verfahren mit einem überraschenden Ausgang. Denn es standen von Beginn an nur Vermutungen im Raum. Weder konnte ich mich auf Beweise, noch auf konkrete Aussagen stutzen. Die Kinder waren völlig eingeschüchtert, was vom Gericht als Indiz für ein mögliches Verbrechen interpretiert worden war. Wir waren allesamt wahrscheinlich zu beeinflusst von unserem Verständnis eines stereotypen männlichen Verhaltens.

Was sich am Ende der Verhandlung zutrug, kann und will ich nicht interpretieren. Es entzieht sich unserem, von der Ratio geprägten, Vorstellungsvermögen, so wie sich auch die ganze Geschichte des ‚Regenmachers' in keinster Weise nachvollziehen lässt. Alles, was ich dazu noch sagen will: Der Prophet und unser Glaube erlauben, gerade einem weltlichen Gericht, keinerlei Urteil bei Überschreitungen der Grenzen von Natürlichem. Dies machte diesen Fall so einzigartig und – unter uns und ganz inoffiziell gesagt – ich bin sehr erleichtert über dieses Ende."

Der Staatsanwalt: „Normalerweise würde ich sagen, dass das unerklärbare Verschwinden des Angeklagten einem Schuldspruch gleichkommt. Denn bis zu diesem unerwarteten Schlusspunkt hatte niemand daran gezweifelt, dass der Mann völlig zu Recht angeklagt gewesen war. Auch wenn wir uns nur auf Indizien stützen konnten, war dem Gericht klar, was der Mann den Kindern angetan haben musste. Ich folge in meiner Arbeit ausschließlich den Gesetzen des Staates und, damit in Einklang stehend, unserer Religion. Deshalb will ich auch keine offizielle Aussage darüber machen, wie ich die Reaktion der Kinder am Ende der Verhandlung beurteile. Es scheint, als seien sie unter einer anderen als einer körperlichen Gewalt gestanden, einer, die mit unserem rationalen Denken nicht zu erfassen ist. Daraus leite ich jedoch auch ab, dass Religionen wie die der Kejawen äußerst gefährlich sind, weil sie mit etwas agieren, was sich außerhalb all unserer Gesetzmäßigkeiten befindet. Es widerstrebt mir zutiefst, sowohl in meiner Position als Staatsanwalt als auch als gläubiger Muslim anzuerkennen, dass wir Zeuge eines ‚Wunders' gewesen sein sollen. Wunder sind ausschließlich dem Propheten vorenthalten."

Daya und Dio: „Als wir die Hütte betraten, saß Bambang am Boden, am anderen Ende, an der Wand. Wir können uns nicht erinnern, dass er sich auch nur einen Zentimeter von diesem Platz entfernt hätte – die ganze Zeit. Mit sanfter Stimme bat er uns, wir sollten uns in die Mitte des Raumes stellen. Am Fußboden lag ein großes weiches Blatt. Das sollten wir nehmen und unsere Köpfe damit bedecken. ‚Haltet es einfach über euch', hatte er gesagt. Plötzlich spürten wir, wie etwas mit der Luft geschah. Wir hörten ein hohes Sirren und gleichzeitig begann alles um uns herum, also nicht die Hütte, sondern der Raum um uns herum zu vibrieren, gerade so, als würden wir von einem starken Wind davongetragen werden. So standen wir die ganze Zeit da. Es war unmöglich, uns zu rühren. Wir wussten nicht, wie lange dieser Zustand andauerte. Als wir später erfuhren, dass es drei Tage gewesen waren, sagten wir beide, dass das nicht möglich sein konnte. Niemand kann drei Tage stehen, nicht essen, nicht trinken, nicht aufs Klo gehen. Aber so muss es gewesen sein. Irgendwann hörten das Sirren und das Zittern in der Luft auf und wir hörten, zum zweiten Mal nach unserem Eintreten, die Stimme Bambangs. Er sagte, wir hätten es großartig gemacht. Er sagte, wir seien Helden. Und er sagte, wir würden uns fühlen, als hätten wir sieben Tage mit dem Tod gerungen. Er sagte, wir würden nicht sprechen können und wir würden uns auch nicht an das erinnern, was in den vergangenen Stunden mit uns geschehen war. Wir sollten ihm vertrauen und dass nun alles gut sei. Zum Schluss sagte er nur, es würde nun sieben Tage regnen und dies hätte das Volk uns zu verdanken!"

Anthony Asael
Kakamega, Kenya

Okuhle & Libby

Südafrika

Die Direktorin hatte die beiden Mädchen zu sich in ihr Büro befohlen. „Mädchen", sagte sie, „ihr wisst, dass ihr beiden nicht an irgendeiner Schule unseres Landes seid, ihr seid an einer der ältesten und besten unseres Landes! 1886 gegründet, war heuer sogar unser Nelson Mandela hier, zum 110-jährigen Jubiläum der Wynberg Girl's Junior School zu gratulieren!"

„Yes, Miss", sagten Okuhle und Libby kleinlaut.

„Solch eine Ehre und ihr macht hier solche Dummheiten!"

„Yes, Miss", und Okuhle und Libby sackten immer mehr in sich zusammen.

„Wer von euch beiden kam denn auf diese Idee?", fragte Miss Z.

„Ich!", rief Okuhle sofort.

„Stimmt nicht, ich war's!", rief Libby dazwischen.

„Dann wart ihr es also beide." – Miss Z. wollte lächeln, musste aber ernst bleiben. „Wollt ihr folglich beide bestraft werden?"

„Nein, Miss", murmelte Libby, „nur mich bestrafen, Okuhle hat nichts damit zu tun."

Okuhle stieß Libby in die Rippen: „Das stimmt nicht, Miss. Ich hatte die Idee!"

Nun konnte sich Miss Z. nicht mehr zurückhalten und nahm die beiden in die Arme. „Das finde ich sehr schön, dass ihr dieses seltsame Verhalten der letzten Tage gemeinsam durchstehen wollt. An der Wnyberg herrschen seit über einem Jahrhundert bestimmte Gesetze und ich kann nicht dulden, dass diese ignoriert werden. Auch wenn ich selbst nicht alle für richtig halte. Dafür muss ich euch bestrafen. Eigentlich wollte ich euch von allen Ausflügen in diesem Schuljahr ausschließen, aber weil ich weiß, dass ihr gut, nein, sehr gute Kinder seid, spreche ich meine Strafe nur zur Bewährung aus. Seid ihr damit einverstanden?"

Nun lachten beide zum ersten Mal, seit sie den gefürchteten Raum der Direktorin betreten hatten – wer hierher geholt wird, dem blüht normalerweise nichts Gutes …

„Danke, Miss!", riefen beide freudestrahlend. „Und wir versprechen, es nie wieder zu tun!"

„Und nun verschwindet", rief die Direktorin, „bevor ich es mir anders überlege!"

Okuhle und Libby machten eine tiefe Verbeugung und stürmten zur Tür hinaus – sie hatten es doch tatsächlich geschafft, die ganze Wahrheit über ihr Verhalten zu verbergen …

Okuhle und Libby, beste Freundinnen, waren nach der Schule wie immer gemeinsam bis zur Kreuzung Brodie und Millbank Road gegangen. Dort mussten sich ihre Wege trennen: Die eine ging in „ihr" Viertel, die andere in das „ihre". Es war für sie Normalität, so waren sie aufgewachsen. Wenn die Erwachsenen zu Hause von dieser „Normalität" sprachen, sowohl „da", wie auch „dort", waren die einen resignierend und die anderen besorgt. Was beide immer wieder hörten seit zwei Jahren: „Mit Nelson Mandela wird sich alles ändern!"

Das, was die beiden Kinder bisher an Veränderungen direkt sehen konnten, war, dass es mit einem Mal viel mehr Schülerinnen und Schüler von „da" gab und dass mit Miss Z. eine von „da" die Schulleitung übernommen hatte.

Es war Liebe vom ersten Schultag an gewesen. Okuhle stand verloren in einer Ecke, sie wusste nicht, wie sich bewegen, 17 von 22 Schülerinnen und Schüler waren von den Vierteln, wo man sich, war man von dort, wo sie herkam, besser nicht blicken lassen sollte. Libby war aufgeweckt und frech und ließ sich von niemandem etwas sagen. Sie war in die Klasse gerauscht wie ein Wirbelwind, hatte sich kurz umgesehen und mit einem trotz ihres kindlichen Alters sicheren Instinkt Okuhle entdeckt. „Ich bin Libby", hatte sie mit breitem Lachen gesagt und ihr die Hand hingestreckt. „Finde ich ja super, dass wir jetzt Freundinnen sind!"

    So hatte alles begonnen.

Die beiden wurden unzertrennlich. Bald nannte man sie „die Zwillinge". Aber nicht jeder freute sich über diese besondere Freundschaft: „Was will die von ‚dort' denn von dir?", fragten die einen. „Kannst du dir nicht eine Freundin aussuchen, die … nun ja, die aus einem ähnlichen Stall kommt?" – und das war noch sehr höflich und zurückhaltend von den anderen formuliert. Aber Libby scherte sich um keinerlei Kommentare und tröstete Okuhle, wenn die nicht verstand, was diese Menschen mit ihren Worten meinten. Die ein Gefühl auslösten, das sie oft nur tief in ihrem Inneren verspürte, aber dem sie keinen Ausdruck zu verleihen imstande war. Doch jedes Aufrichten und jeder Trost stärkten Okuhles Selbstvertrauen und ihr Selbstverständnis. Genauso wie mit jedem Tag ihres Zusammenseins Libbys Demut und die Einsicht wuchsen, sie müsse dem, was da Unerklärliches geschah, etwas entgegenhalten.

An einem Sonntagnachmittag saßen die beiden in ihrem geheimen Reich, im Wynberg Park, hinter einer Buschreihe, unter einem Baum, wo sie ungestört spielen konnten. Okuhle hatte den Elefanten und die Puppe mitgebracht, Libby den Kinderwagen, in dem zwei Bücher, ein Löwe, Barbie und Ken lagen.

Die Puppe lud Barbie und Ken ein, mit ihr gemeinsam auf Safari zu gehen. Sie führte die beiden in das Dickicht, wo der Elefant schon auf seinen Auftritt wartete. Der Löwe musste noch im Kinderwagen warten, bis er dran war. Der Plan war, die drei mit seinem Brüllen zu erschrecken, worauf Ken sich auf ihn stürzen und verjagen sollte. Nun kam der Löwe angeflogen, direkt auf die überrascht wirkende Gruppe, aber der Elefant warf sich heldenhaft auf seinen König und … „He, das war nicht so ausgemacht", schimpfte Libby. „Ken sollte ihn doch töten!"

„Löwen stehen unter Schutz, die darf man nicht töten", sagte Okuhle sehr bestimmt. „Und außerdem sind Elefanten stärker."

„Also in mir steht geschrieben", mischte sich das Buch ein, „dass Löwe und Elefant gemeinsam gegen die …"

„Das interessiert uns überhaupt nicht!", rief Libby in Richtung Kinderwagen. „Wir spielen alleine, ohne dich. Du bist erst später dran. Vielleicht."

„Gut", meinte Okuhle, „wenn du wieder mal bestimmen willst, Mama Libby, dann machen wir es doch ganz anders: Tauschen wir die Rollen. Du übernimmst meine Spielsachen und ich deine! Und schauen wir, was dann passiert."

Nun saß in der Baumkrone über ihnen ein Boskabauter, der schon die ganze Zeit das Spiel der beiden Menschenkinder beobachtet hatte. Da er politisch sehr interessiert war, er folglich die Ereignisse in seinem Land seit hunderten von Jahren verfolgte, das eine oder andere Mal auch sehr diskret eingegriffen hatte – wenn eine Ungerechtigkeit direkt vor seinen Augen geschehen war –, deshalb also fuhr er hoch, als er Okuhles Vorschlag hörte.

Er hüpfte aus seinem Versteck in den Blättern und landete direkt vor den Mädchen. Erwachsene wären vor Schreck tot umgefallen oder hätten das so plötzlich aufgetauchte Ding als gefährliches Tier eingeschätzt und es sofort totgeprügelt, doch er wusste natürlich, dass er es mit Kindern zu tun hatte …

„Willst du mitspielen?", fragte Libby, so als wäre gerade einer ihrer Schulkollegen aufgetaucht und nicht ein original Boskabauter. „Kannst du auch zaubern?", fragte Okuhle und hob das kleine Ding vor ihre Augen, es näher zu betrachten.

„Gestatten, Boskabauter", antwortete es. „Unter bestimmten Umständen ist es mir möglich, Zaubereien durchzuführen."

„Kannst du mir ein Eis zaubern?", rief Libby sofort.

„Sehr geehrtes Fräulein! Meinst du, ich beobachte das Weltgeschehen seit 513 Jahren und greife in allerhöchste Entscheidungen des Staates, der Wirtschaft und des Sozialwesens ein, damit ich dir dann ein Eis, ein EIS, herbeizaubere?! Ihr wolltet doch Rollen tauschen? Das hat mein Interesse erweckt!"

Okuhle schaute Libby erstaunt an – für diesen Wunsch sollte ein Zauberwesen der anderen Welt aufgetaucht sein?

„Du meinst, Boskabauter", fragte Okuhle, „du bist erschienen, uns zu helfen, den Elefanten in einen Löwen und Ken in eine Puppe zu verzaubern? Das schaffen wir schon allein!" Libby nickte, nahm den Boskabauter, hielt ihn sich vors Gesicht und sagte: „Dafür brauchen wir dich sicher nicht!"

Der Boskabauter bat höflich, auf den Boden gesetzt zu werden. „Meine Damen! Ihr habt mich falsch verstanden. Ich dachte, es wäre doch ein höchst interessantes Spiel, wenn ihr, ihr beiden, die Rollen tauscht. Was die eine denkt und fühlt, zaubere ich in den Körper der anderen! So könnt ihr erfahren, was man mit dem Äußeren des jeweils anderen alles erleben kann."

Die „Damen" sahen sich erstaunt an, überlegten kurz und schlugen dann ihre Hände als Zeichen der Zustimmung zusammen. „OK, Boskabauter! Wenn du das schaffst, wäre das ein sehr cooles Spiel!", lachten beide.

Es ist nicht ganz überliefert, wie der Boskabauter den Zauber in Gang setzte, ob mittels eines Spruchs oder durch einfaches Fingerschnipsen – da dies jedoch für den Fortgang der Geschichte keine Bedeutung hat, wird deshalb auf eine nähere Erklärung darüber verzichtet – Fakt ist: Es klappte!

Libby in Okuhles Körper erfuhr, wie es ist, Blicke zu spüren, Worte zu hören und Gesten zu sehen, die mit einer vom Schöpfer nicht so gewollten Selbstverständlichkeit klar machen sollten, dass es einen Unterschied gibt zwischen dem „Wir da" und dem „Die dort".

Und Okuhle in Libbys Körper erfuhr, wie es sich anfühlt, sich so großartig, so befreiend, so bestärkend anfühlt, mit jener Selbstverständlichkeit durchs Leben gehen zu können, die einen über den anderen stellt.

Libby in Okuhles Körper und Okuhle in Libbys Körper sahen einander staunend zu, wie die jeweils andere völlig anders auf Fragen und Antworten, auf das eigene Tun und die Handlungen der anderen reagierten. Ihre Herzen schlugen ja immer noch im Takt von Libby und Okuhle, aber nur wegen ihres Kleides, das sie, vom Schicksal zugewürfelt, zu tragen hatten, waren sie zwei so unterschiedlichen Welten zugeordnet.

Die beiden waren in ihrem geheimen Reich, im Wynberg Park, hinter einer Buschreihe, unter einem Baum zusammengekommen, den Boskabauter zu bitten, sie von seinem Zauber wieder zu befreien.

„Ich will wieder ich sein", sagte Libby. „Nicht, weil ich wieder in meine feinen Kleider schlüpfen möchte, die es mir erleichtern, meinen Weg zu gehen, sondern weil ich es kaum ertragen kann, wie viele Steine auf dem Weg deine Kleider mit sich bringen."

„Und ich will auch wieder ich sein", sagte Okuhle. „Nicht, weil ich es nicht herrlich fände, mit solch geschenkter Leichtigkeit durch das Leben gehen zu dürfen, sondern weil ich durch deine Kleider erst meine Kraft entdecken konnte. Die Kraft, die es mir ermöglicht, alle diese Steine, die auch du nun zu spüren bekommen hast, selbst aus dem Weg räumen zu können."

„Danke, Boskabauter", sagte Libby. „Dieser Zauber schmeckte besser als ein Eis!"

„Und wird nicht gleich wieder verschwunden sein", sagte Okuhle.

„Ich muss euch danken", lächelte der Boskabauter. „Es braucht in unserem Land Mädchen, wie ihr es seid, die solch einen Zauber, wie ich ihn für euch habe vollführen dürfen, nicht mehr benötigen. Die verstehen, dass der Mensch, der sich auf die Jagd macht, den Menschen, der sammelt, braucht. Der Jäger, der dem Tag huldigt, der jagt, was das Heute verlangt. Und der Sammler, der das Morgen, das auch Schlechtes bringen könnte, im Auge hat und deshalb an die Vorsorge denkt. Zwei völlig verschiedene Welten der Gedanken – das Heute ist gut, das Morgen könnte schlecht sein –, die jedoch nur im Zusammenspiel sich ineinanderfügen.

Ich habe nichts anderes getan, als für euch ein Buch aufzuschlagen. Ein Marchen, das euch nicht aus eurer Wirklichkeit entführen, sondern euch von der Sehnsucht nach der Wirklichkeit erzählen sollte. Ich hoffe, ihr könnt euch noch daran erinnern, wenn ich euch nun wieder …"

Und der Boskabauter machte wieder etwas, wovon nicht überliefert ist, was es war, aber Okuhle war wieder in Okuhles und Libby wieder in Libbys Körper.

26 Jahre später.

In Kapstadt sitzt Libby am Bett ihrer Zwillinge. „Bitte, Mama, erzähl uns noch einmal die Geschichte mit dem Boskabauter und Tante Okuhle!"

Und in London sitzt Okuhle am Bett ihrer Tochter und erzählt, zum hundertsten Mal, die Geschichte, wie der Boskabauter und Tante Libby ihr Leben veränderten …

Die Fotografen & Fotografinnen

Das Konzept war ursprünglich ein anderes gewesen (deshalb unterscheidet sich auch bei manchen Geschichten deren Ursprungsland vom Ursprungsland der Fotos), aber wie immer in meinem Leben fügt sich am Ende alles zum Besten: 17 großartige Fotografinnen und Fotografen aus 10 Ländern und ich treffen uns in diesem Buch und sind uns einig, dass es nichts Schöneres, nichts Besseres, nichts Wichtigeres gibt, als den Kindern der Welt mithilfe unserer Arbeit Respekt, Achtung und Aufmerksamkeit zu schenken. Sie haben es getan mit ihren Augenblicken und ich mit meinen Geschichten. Und wir gemeinsam mit diesem Buch ...

Anthony Asael | Belgien
Danita Delimont/Alamy Stock Photo
www.anthonyasael.com
www.artinallofus.org
Seite 225

Zorko Bajc | Slowenien
Der Priester von Piran, Fotograf, Weltenbummler
Nachsatz

Achint Bansal | Indien
Alamy Stock Photo
www.achintbansal.com
Seite 146

Christophe Boisvieux | Frankreich
www.christopheboisvieux.com
Seite 164

Jordi Boixareu | Spanien
www.jobopa.com
Seite 49

Yanko Dimitrov | Belgien
RayArt Graphics/Alamy Stock Photo
Seite 73

Nacho Giralt | Spanien
www.nachogiralt.com
Seite 19, 88, 136

Oliver Hoffmann | Deutschland
Alamy Stock Photo
www.alamy.com
Seite 98

Wayne Hutchinson | Großbritannien
www.waynehutchinson.photodeck.com
Seite 183

Palash Khan | Bangladesh
Alamy Stock Photo
www.palashkhan.wordpress.com
Seite 58

Agus Mahmuda | Indonesien
EyeEm/Alamy Stock Photo
www.facebook.com/bajuhati
Seite 210

Jenny Matthews | Großbritannien
www.jennymatthews.photoshelter.com
Seite 193

Tuul & Bruno Morandi | Frankreich
www.brunomorandi.com
Seite 11, 27, 35, 80, 106, 117, 127, 154, 201

Muhammed Muheisen | Jordanien
AP/picturedesk.com
muhammedmuheisen.com
Coverbild, Seite 43

Lakshmi Prasad S | Indien
Alamy Stock Photo
www.facebook.com/
LakshmiPrasadPhotography
Seite 67

Alexandre Sattler | Frankreich
www.gaia-images.com
Vorsatz, Seite 175

Der Augenblick

November 2022. Ich sitze auf der Treppe zu einer Aussichtsplattform im nördlichsten Teil von Gujarat, Indien, direkt an der Grenze zu Pakistan. Dann kommt Ramshi. Er bleibt stehen, sieht mich an, überlegt. Er setzt sich neben mich und beginnt, seine Schätze auszubreiten: Armreifen, Halsketten, Broschen, die sein Stamm im Dorf Kalo Dungar herstellen – er meint wohl, ich sei kein schlechtes Aushängeschild für die (fast ausschließlich) indischen Touristen, die hierher pilgern, um einen perfekten Blick über die atemraubende Landschaft zu haben. Kein Lächeln, keine Bitten – für ein paar Minuten sind wir schweigende Partner.

Astrid hält diesen Augenblick mit ihrem iPhone fest – als ich das Foto kurze Zeit später im Auto betrachte, weiß ich, es gehört in dieses Buch ...